"Ich kann immer noch nicht paddeln"

Paul von Knallkopf

Von Einem, der sich immer noch nicht auszog, um wieder nass zu werden.

Aus Fehlern wird man Klug, darum ist einer nie genug. Hier sind neue Fehler, neue Geschichten, wie man es besser nicht tun sollte. Neue Mückenstiche und neue Motorboot-Hobby-Kapitäne mit der Lizenz zum blamieren. Viel Freunde damit und hoffentlich steigert es die Sehnsucht, selbst mal das Paddel zu schwingen.
Dieses Buch widme ich *Conny*, meiner ganzen Familie und allen Menschen die Kraft brauchen, um die Wellen des Lebens zu meistern.

© 2018 Paul Von Knallkopf
Herstellung und Verlag:
BoD – Books on Demand, Norderstedt

ISBN 9783744850575

Inhaltsverzeichnis

Spreewald-Tour mit Stocken

Tourgeschichten

Schweden, immer wieder Schweden

Paddel aus Stahl Tour

Gequassel vom Knallkopf

Warum schreibt man ein zweites Buch? Entweder der Verlag hat so gut verdient, dass es ein Bestseller war und man will die Kuh noch etwas melken oder aber, es macht einem einfach Spaß. Bei mir ist es der zweite Grund. Wie sollte es auch anders sein.

Immer wieder erzähle ich Menschen die Geschichten aus meinem Leben, und sie waren davon begeistert und fühlen sich gut unterhalten. Genau das sollte auch ein Buch für mich tun: Gute Unterhaltung bieten. Diesmal wird es nicht wie das Erste, ein reines Kanu-Buch sein. Nein, diesmal werden es gesammelte Kurzgeschichten über Kanutouren sein, über Musiktouren oder sonstiges, was ich als erzählenswert erachte. Wie man zum Beispiel eigentlich schon seit 18 Jahren über seinem Verfallsdatum lebt. Dazu kommt, dass man schon so manches Mal dem Tod irgendwie von der Schippe gesprungen ist. Aber ich greife vor. Fangen wir nun mit der Geburt eines Knallkopfes an.

„Eine Katze hat 9 Leben", sagt der Volksmund. Nun ja, demnach bin ich eher Katze als Mensch! Denn ich glaube, ich bin dem lieben Herrn schon mindestens zehn Mal von der Schippe gehopst.

10 Mal ganz knapp

Ich war gar nicht so lange auf der Welt, nein halt, ich war noch gar nicht auf der Welt! Schon bei meiner Geburt war alles ein wenig anders. Ich sollte eigentlich erst in 3 Wochen kommen. Doch bei einer Routineuntersuchung im Berliner Krankenhaus Kaulsdorf haben mich die Geräte nicht mehr angezeigt. Ich war einfach nicht mehr auf dem Schirm. Ich war offiziell tot und das noch vor der Geburt. Ich hatte es mal wieder eilig gehabt. Geduld war noch nie meine Stärke. Also dann soll alles sehr schnell gegangen sein. Kaiserschnitt -Stopp- Kind lebt -Stopp- Blau ohne Sauerstoff -Stopp- Hubschrauberflug zur Charité! -Stopp-lebt!

Hust

Es dauerte gar nicht lange, als die Schippe schon wieder mein Sprungbrett werden sollte. Ich war ca. ein Jahr alt, als ich eine schlimme Grippe bekam. Babys bekommen schnell hohes Fieber und das galt es runter zu bekommen. Die Ärztin empfahl meiner Mutter, dass sie kalte Wadenwickel machen sollte. Nun weiß jeder von den geneigten Lesern, dass kalte Wadenwickel nichts weiter sind, als ein Lappen, den man mit kaltem Wasser nass macht, um ihn dann auf die Stirn/ Waden zu legen. Oder wohin auch immer. Meine Mutter war sich aber dessen nicht bewusst. Sie wusste es einfach nicht. Sie dachte umso kälter, umso besser. Sie nahm einen Lappen, tränkte ihn und legte ihn in das Eisfach. Mir, armes kleines Baby mit 40 Grad Fieber, wurde nun ein eisgekühltes Handtuch von -13° C auf den Körper gelegt. Das macht einen Temperaturunterschied von 53° C, das verkraftet man nicht so gut. Schon gar nicht als Baby. Das Ende war, dass ich noch kränker wurde und die Ärztin meiner Mutter erklärte, dass sie eigentlich das Jugendamt informieren müsste. Es hätte leicht mit dem Tod enden können. Aber nicht doch, ich werde so schnell nicht gehen. Noch nicht.

Sport ist Mord!

Wieder einmal wollte meine liebe Mutter nur mein Bestes. Ich liebe meine Mutter, auch wenn ihre Motivationsmethoden etwas zweifelhaft sind. Sie fand, dass ich Fußball spielen müsste. Nun irgendwie war das nicht meine Sportart. Ich fand den Ball viel zu groß, ich war drei Jahre alt. Na ja, und da mein Interesse nicht wirklich zu entfachen schien, wollte sie mir daraufhin Boxen beibringen. Tja, und das endete damit, dass sie mir volle Kanne auf die Nase boxte. Ausversehen! Ich bin wohl auch etwas schuld gewesen, was laufe ich auch in ihre Faust rein. Knuff. Was passiert? Wenn man Pech hat, kann sich die Nasescheidewand ins Hirn schieben. Gerade bei Babys und Kindern sehr leicht, da die Hirnplatte noch nicht zugewachsen ist. Die Folge ist der Tod! Aber ich noch lange nicht.

"Ach so ne Mandel-OP macht doch der Pförtner"

Das waren die beruhigenden Worte meiner lieben Mutter, als ich 12 Jahre alt war. Man sieht einen kleinen Zeitsprung, es gab zwar ein paar Vorfälle, aber nichts Nennenswertes. Ich sollte ins Krankenhaus, um meine Mandeln entfernen zu lassen. Soweit so gut und vielleicht wäre auch alles gut gegangen, wenn der Termin nicht auf einen Freitag den 13. gefallen wäre. Ich bin abergläubisch und das war ein ganz schlechtes Zeichen. Doch auf mich hört ja immer keiner. Trotz aller Proteste wurde ich operiert, und es war auch alles schick soweit. Genau eine Woche später sollte ich um 8.00 Uhr morgens entlassen werden. Ich wachte um 6.00 Uhr an diesem Tag auf und wunderte mich, dass etwas sehr Komisches, Dickflüssiges in meinem Mund war. Ich ging auf die Toilette und spuckte den Inhalt kurzer Hand aus. Es war alles voller Blut! Es sah aus, als hätte eine Kreuzigung stattgefunden. Oder zumindest eine Opferdarbietung. Ich ging dann etwas erschrocken, besser gesagt geschockt, zur Oberschwester und schilderte ihr mein Problem. Ich bespuckte sie dabei komplett mit Blut. Dann musste es so schnell gehen, dass ich ohne Betäubung noch mal genäht wurde. Dabei versuchte ich die ganze Zeit, mich für die Unannehmlichkeiten zu entschuldigen. Bei diesen Versuchen spuckte ich nun auch den Oberarzt noch voller Blut. Die Beiden sahen nun gänzlich aus wie bei einer Schweineschlachtung. Ich beschwerte mich auch sofort, warum ich nicht nun doch entlassen werden könne, worauf mir der Arzt erklärte, dass ich Glück gehabt hätte, aufgewacht zu sein, denn ich hätte auch leicht an meinem eigenen Blut ertrinken können. Die Folge: Tod. Aber noch nicht, dass könnte denen so passen!

Mandeln ade, nun noch der Blinddarm.

Es war natürlich gegen ca. 22.00 Uhr und wir hatten Besuch. Wir haben öfter Besuch, aber diese Leute haben uns seit dem nie wieder besucht. Ich war 14 Jahre alt, es sollte ein sehr spätes Abendbrot geben und mich plagten schon den ganzen Tag tierische Bauchschmerzen... Ich wollte also nix essen. Sehr ungewöhnlich, der Junge wird doch nicht krank sein? Die Mutter des Besuchs kam auf die Idee, meinen Bauch abzutasten, und ich schrie wie am Spieß. Nicht sehr männlich, aber egal. Daraufhin flößte sie mir Milch ein und meinte, ich solle schon mal Richtung Klo gehen. Kaum hatte ich die Tür zu gemacht, kotze ich alles wieder aus. So, das war anscheinend das sicherste Zeichen eines Blinddarmdurchbruchs. Toll! Krankenhaus rein und Blinddarm raus. Ganz ehrlich, ich wäre damit nie zum Arzt oder ins Krankenhaus gefahren. Ich hätte einfach gewartet bis es vorbei gewesen wäre. Das wäre es dann auch, aber für immer. Es sollen ja schon Menschen daran gestorben sein!

Das Wandern ist des Müllers Lust, doch kennt er auch den Weg???

Es war im Herbst. Mein Vater, mein bester Freund Martin und ich waren zum Wandern im Bayrischen Wald...fernab von den Touri-Wegen, um die Natur und die Ruhe zu genie-

ßen. Überall ist buntes Laub und die Blätter sind in nur allen erdenklichen Farben vorhanden... Ich wollte mir die Schlucht etwas genauer ansehen und ging schnurrgerade auf sie zu. Zu meiner Verwunderung schrie mein Vater: "Stehen bleiben"! Ich gebe zu, nicht unbedingt sehr oft beim ersten Mal auf ihn zu hören, aber irgendwas in seiner Stimme sagte mir, es ist ernst. Er kam zu mir gerannt, hielt mich fest und zog mich ein kleines Stück zurück. Dann griff er sich einen langen Stock und schmiss ihn etwa ein halben Meter weiter über den Punkt hinaus, wo ich gerade noch stand. Zu meinem Entsetzen verschwand der Ast komplett im Laub.

Mein Vater erzählte mir, dass er vorhin schon da lang gegangen wäre und gesehen hätte, dass Bäume unten aus der Schlucht senkrecht nach oben wuchsen und es somit aussieht wie Laubboden. Ich wäre sage und schreibe 40 Meter in die Tiefe gestürzt. Das wäre fast mein Tod gewesen. Aber eben nur fast!

Nur Fliegen ist schöner....

Ich bin 16 und -ganz ehrlich- ich wollte mir beweisen, dass ich es noch kann. Dieser Baum war schon immer mein Kletterbaum und schon immer lag dieser große Findling unter ihm .Tja, nur leider war ich keine 8 Jahre alt mehr und der Ast konnte mich nun nicht mehr halten. Ich flog also ca. zwei Meter in die Tiefe und landete elegant auf meinem Rücken. Genau vier Zentimeter mit meinem Kopf vom Findling (80 x 80 Zentimeter) entfernt. Wäre ich also nur vier Zentimeter näher dran gewesen, hätten alle sehen können, was Einige schon lange behaupten. Dass ich nix im Kopf hätte. Dafür wäre ich aber ganz gewiss tot. Doch noch geht es weiter.

Der Beifahrer stirbt immer....

Es war der Sommer, ich war 18, glaub ich, als wir nur schnell mal nach Münchehofe fahren wollten. Die Landstraße hatte gerade neuen Rollsplitt bekommen, und der war noch nicht fest. Wir bogen rechts um die Ecke, als ein

Wagen, der völlig die Kontrolle verloren hatte, auf uns zu rast. Meine Mutter versuchte den Wagen zum Stehen zu bringen, dabei drehte er sich dummerweise auf die Gegenfahrbahn. Ich, der Beifahrer, war nun genau frontal zu dem heranbrausenden Auto, das auch schön auf mich zu geschossen kam. Im letzten Moment schaffte es die Frau in dem anderen Auto, ihren Wagen zu drehen und im Straßengraben zum Stehen zu kommen. Aber ganz ehrlich davon träume ich heute noch. Fast wäre ich tot gewesen!

Eine Kugel kommt selten allein oder was macht ein Reh wohl mit einer Warnweste?

Mein bester Freund Martin ist der Sohn eines Försters und im Herbst finden dort immer sehr gern Treibjagden statt. Ich wollte da schon immer mal mitmachen und wurde auch als Treiber eingeteilt. Man muss sich das so vorstellen, man scheucht das Wild auf und treibt es in die Richtung, wo der Jäger sitzt. Nur zu dumm, dass die ja dann in unsere Richtung schießen. Nun ja, ich mach es kurz: als so ein Querschläger neben mir in den Baum gegangen ist, war die Jagd für mich vorbei. Für immer. Ich bin doch nicht lebensmüde.

Kapitel 10: Blumen mag ich nicht mal geschenkt

Ich war in Berlin unterwegs zur Videothek und der Wetterbericht hatte schwere Unwetter angesagt. Es war schon zu spüren, irgendetwas lag in der Luft. Ich wollte mir also einen Film ausleihen und mich zu Hause verkriechen. Ich rauchte zu dem Zeitpunkt und wollte nicht unhöflich sein und mit der Zigarette in die Videothek gehen. Deshalb stellte ich mich draußen hin und rauchte auf. Aber irgendwie war mir das plötzlich zu dumm, ich warf die Kippe weg, drehte mich und hinter mir, wo ich bis eben noch stand, war ein Keramik-Blumentopf gelandet und zersplittert. Das hätte wieder mein Kopf sein können. Aus der dritten Etage streckte ein Mann den Kopf raus und entschuldige sich... Fast hätte mich der Tod erwischt...aber nur fast!

Der halbe Tod

Und nun gerade mal 2 Wochen her, da trifft mich doch der Schlag. Ich reinige gerade meine Teichpumpe, ich stehe dazu mitten im Teich, und plötzlich bekomme ich einen gewischt, dass mir meine sämtlichen Haare zu Berge stehen. Das Kabel war irgendwie brüchig geworden über den Winter und nun lag es etwas offen. Aber das war zu harmlos und zählt eigentlich nicht ganz.

Ich weiß ja nicht genau, ob der mich da oben oder der mich da unten nicht haben will oder ob sie sich noch nicht einig sind, wer mich bekommt. Auf jeden Fall will mich noch keiner von denen.

Spreewaldtour mit Stocken

Oder einmal die Rentnertour bitte! Stocken lernte ich 2015 auf der Rock n Roll Butterfahrt kennen. Dies ist ein kleines Punk-Festival auf Helgoland. Genauer gesagt auf der Badeinsel „Hohe Düne" neben Helgoland. Ich war damals als Sänger und Bassist mit einer Band unterwegs und Stocken als Crewmitglied vor Ort. Er las mein Buch und kam zu dem Schluss, das will ich auch mal erleben. 2017 war es dann endlich soweit. Am 22.Juli kam er in Birkholz an. Wir schickten uns schon vorher Bilder, was wir alles mitnehmen würden. Also wie viele Shirts, welche Hose macht Sinn und benötigen Männer eine Nachtcreme?! Nein, benötigen sie nicht. Woher weiß die Nachtcreme auch wie spät es ist? Keine Ahnung. Aber schon eine tolle Zeit, dieses 21. Jahrhundert. Wo Creme weiß, wann genau sie wirken muss.

Ich schweife ab. Stocken wollte mal was anderes erleben und mit mir auf Kanutour kommen. „Aber bitte die Rentnertour, Paul, nicht wie in deinem Buch beschrieben, so eine Reise

für verrückte Sportirre mit Kilometertick." Klar,
war meine Antwort. Ganz ruhig und entspannt. 75 Kilometer waren geplant.
Der erste Tag verlief in normalbösem Chaos.
Der Fritz wackelte, das Tierchen war viel zu
neugierig und viel zu aufgedreht.
Wir starteten in Petkamsberg und fuhren über
Schlepzig nach Groß Wasserburg. Diesmal allerdings fuhren wir in den „Steinhafen", das ist
der Privathafen vom Hotel Steinzeit. Noch im
Hafenbecken sahen wir zum ersten Mal Nutria
aus nächster Nähe. Ach, was sage ich, nicht
mal ein Meter von uns entfernt waren sie. Jahre lang fast ausgerottet im Spreewald und nun
wieder sehr weit verbreitet. Dieses schöne Bild
konnten wir noch schnell knipsen, bevor der
Zwickeldurst uns doch zur Weiterfahrt drängte.
Nach einem kurzen Schnack mit dem Kahnha-
fenmeister, durften wir den Fritz beim Kahnha-
fenmeistersteg festtauen. Wollten ja nur
schnell ein Zwickel trinken. Kurze Pause, dann
sollte es weiter gehen. Gesagt, getan. Abends
dann bei Wolfgang im Lokal „zum Unterspreewald" gespeist. Halb Birkholz traf sich an

dem Abend dort. Axel und Tina unsere quasi Nachbarn. Gut bei 120 Einwohnern im Dorf, Tendenz fallend, sind wir ja alle Nachbarn. Und dann noch unsere Pferde-Gestütsleiterin samt Tochter. Während ein Bierchen nach dem anderen die Kehlen runter floss, tauschte man Dorfklatsch aus und überlegte, wo wohl der Weltrekord läge für die Fertigstellung eines Einfamilienhauses?!

Man könnte den Abend in „ ich kam, trank und speiste" zusammenfassen. Am Abend selber, Wolfgang machte schon Feierabend, holte sich Stocken noch ein Bierchen. Leider war es nicht gekühlt. Kurzer Hand kam Wolfgang mit einem halben Beutel Eis und schüttete es in unseren WOA-Eimer. Luxus. 28 Grad und wir haben „Eisgelagertes Bier."

So verging der erste Abend und wir schliefen unruhig ein.

Wasserspiele

Der zweite Tag unterschied sich nicht sehr viel von anderen Tourtagen. Zelt abbauen, Kanu beladen, paddeln, baden, Fische essen und Zelt aufbauen.

Erst der Abend wurde wieder interessant. Stocken und ich saßen in Werder am Lagerfeuer. Als kurz vor der Dämmerung drei Kajaks mit fünf Jugendlichen anlandeten. Ich hatte ein starkes Déjà-vu an einen Abend von 2011. Dort fing es ähnlich an. Es waren wie damals drei Jungen und zwei Mädchen. Sie landeten an. Und während die einen die Zelte aufbauten, kochten die anderen das Essen. Das erste, was ich wirklich wahrnahm, war die „Fusion-Goa-Musik", die mir so doch etwas missfiel. Meinem Gesicht schien man es wohl sehr deutlich anzusehen, da man daraufhin sagte: "Wenn die Musik euch stört, sagt ihr Bescheid." „Bescheid!", sagte ich sofort. Nun schauten sie verdutzt. Man erkundigte sich, was uns denn eher zusagen würde. Die Antwort war leicht. Hauptsache es sind Gitarren dabei. Die nächsten Klänge ertönten von der Boyband

Knorkator. Das war ganz nach meinem Geschmack.

Der Abend wurde durch aufkommenden Regen leider früher beendet als gewünscht und man verkroch sich recht bald bei leichtem Nieselregen ins Zelt. Das war genau rechtzeitig wie sich zeigen sollten. Keine 30 Minuten später, wir lasen noch in unseren Büchern und Tierchen snooselte in meinem Schlafsack, als plötzlich ein Regenguss vom Himmel stürzte, der so laut war, dass einem Angst werden konnte. Aber nicht Stocken und mir. Respekt. Vielleicht. Aber Angst? Niemals! Dennoch wollte ich nur mal kurz nachschauen. Als ich das Zelt öffnete, sah ich mit Entsetzen, dass schon mehrere kleine Bäche sich am und unter dem Zelt ihren Weg bahnten. Daraufhin merkten wir nun auch, dass unser Zelt neuerdings fließend kaltes Wasser hat. Ich entschloss mich, raus zu gehen und einen Graben oberhalb vom Zelt zu ziehen, um wenigstens etwas Wasser, das den Hang runter kam, umzuleiten. Stocken reichte mir den Klappspaten und ich stürmte, nur in Unterhose bekleidet, hinaus. Es muss sehr witzig ausgesehen haben. Schade, dass man nie sich selber mal sieht. Stocken leuchtete von innen gegen die Zeltwand und ich, nennen wir es mal, kratze eine Furche. Ich sah es zwar nicht, war aber zufrieden mit meinem Werk. Kalt, nass und zitternd kam ich ins Zelt zurück. Ich trocknete mich mit Stockens Handtuch ab und wir schlummerten mit gemischten Gefühlen ein. Der Morgen brachte die Erkenntnis, dass man gut durchschläft. Jedenfalls für fünf Minuten! Bis die eine Seite so weh tut, dass man sich schmerzverzerrt auf die andere Seite dreht und dort ganze weitere fünf Minuten tief und schmerzhaft durchschläft. Aber wenigstens war alles trocken! Das konnte man nicht von allen behaupten. Noch in der Nacht hörte ich lautstarkes Geschreie und Geheule von unseren Nachwuchs-Wasserwanderern. Stocken betitelte es amüsanter weise als „Spreewald-Tag und Nacht". Doch was war das für ein Anblick. Als ich aus dem Zelt kroch, sah ich das ganze Ausmaß der nächtlichen Wasserspiele. Dort hingen Isomatten, Schlafsäcke und Klamotten. Allesamt klitsche nass. Die dazugehörigen Personen hätten einer Zitrone Konkurrenz machen können. Auf

meine Frage: „Soll ich fragen?", kam nur die Antwort: „Besser nicht"!

Wer viel gibt, bekommt auch viel

Manchmal ist das Wetter dein Freund und manchmal dein Feind. Oder zu mindestens dir nicht wohl gesonnen. So war es bei der Tour mit Stocken am Mittwoch. Fangen wir von vorne an. Morgens, noch recht gutes Wetter, saß ich auf dem Olymp. Tatsächlich, das mobile Toilettenhäuschen hieß Olymp. Man kam auch meist mit einer Erkenntnis wieder von ihm runter. Der Erkenntnis, dass man viel Entspannter ist ohne Druck von hinten. Es passte mir auch ganz gut, dass nicht 30 Grad waren und die Sonne voll auf die Darmentleerungsstation knallte. Sonst hätten sich vermutlich 200 Fliegen dort getummelt und unter meinem Popo wäre das blühende Leben. Ich schweife ab.

Wir fuhren los. Nach einem guten Frühstück und Kaffee, der Stocken anscheinend Sodbrennen bescherte. In Beeskow mussten wir daher erstmal Milch für Stocken kaufen. Ich

entschied mich, die alte Burgschleuse zu benutzen. Wenn man diese benutzen möchte,
muss man mindestens 200 Drehungen pro
Schleusentor vornehmen. Dafür kommt man in
den Genuss, dass der dahinter liegende Su-
permarkt (mit dem R am Anfang und den vier
Buchstaben) einen eigenen Steg hat.

Ich genoss mit Tierchen den langsam begin-
nenden Nieselregen und Stocken kaufte Milch.
Dass man Milch auch auf dem Wasser kaufen
kann, wussten wir bis dato noch nicht. Doch
dazu später mehr.

Gut gelaunt und mit ordentlichem Tempo fuhren wir bis kurz vor die Drahendorfer Spree,
dem Ort Neubrück entgegen. Die Schleuse in
unsere Richtung wurde gerade gebaut. Das
wird sie auch noch bis 2019. „Na, Wahnsinn",
dachte ich. So lange wollte ich jetzt nicht warten. Es wunderte mich auch nicht im Geringsten, dass es noch so lange dauern würde, denn
man sah niemanden arbeiten. Vermutlich wartete man auf besseres Wetter. So ein Tag Anfang Mai, mit ca. 18,9 Grad. Nicht zu kalt und
nicht zu heiß. Mit Wind aus Nordwesten und
maximal 30 Minuten Arbeit pro Stunde. Man

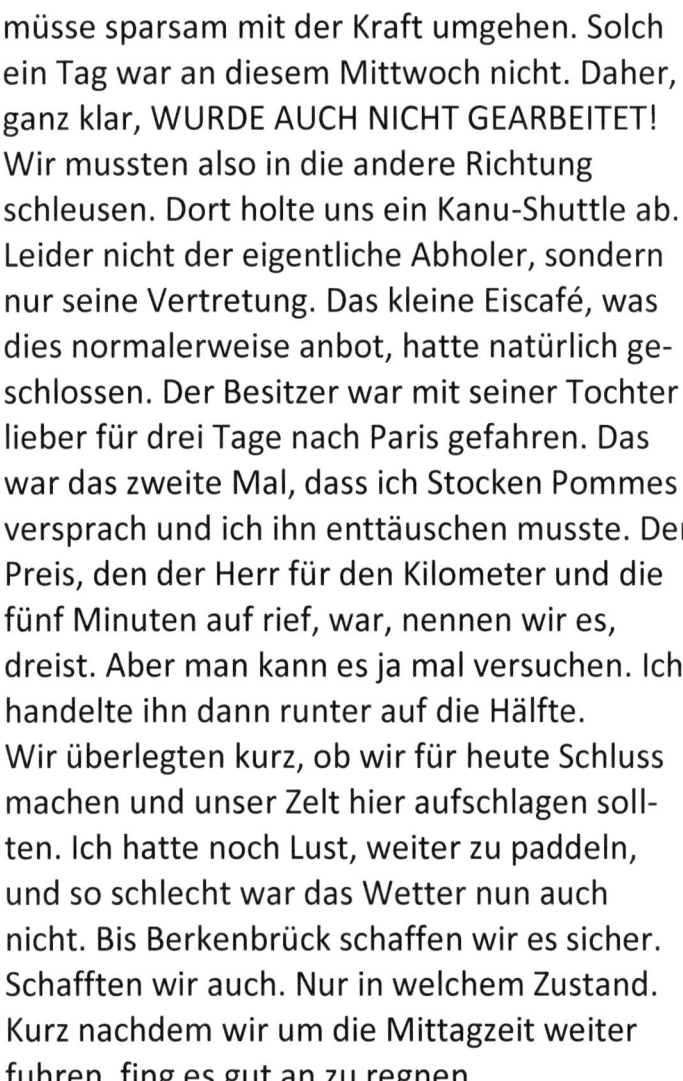

müsse sparsam mit der Kraft umgehen. Solch ein Tag war an diesem Mittwoch nicht. Daher, ganz klar, WURDE AUCH NICHT GEARBEITET! Wir mussten also in die andere Richtung schleusen. Dort holte uns ein Kanu-Shuttle ab. Leider nicht der eigentliche Abholer, sondern nur seine Vertretung. Das kleine Eiscafé, was dies normalerweise anbot, hatte natürlich ge-schlossen. Der Besitzer war mit seiner Tochter lieber für drei Tage nach Paris gefahren. Das war das zweite Mal, dass ich Stocken Pommes versprach und ich ihn enttäuschen musste. Der Preis, den der Herr für den Kilometer und die fünf Minuten auf rief, war, nennen wir es, dreist. Aber man kann es ja mal versuchen. Ich handelte ihn dann runter auf die Hälfte.

Wir überlegten kurz, ob wir für heute Schluss machen und unser Zelt hier aufschlagen soll-ten. Ich hatte noch Lust, weiter zu paddeln, und so schlecht war das Wetter nun auch nicht. Bis Berkenbrück schaffen wir es sicher. Schafften wir auch. Nur in welchem Zustand. Kurz nachdem wir um die Mittagzeit weiter fuhren, fing es gut an zu regnen.

Immer doller und doller zeigte uns Petrus das HEUTE kein guter Paddeltag war. Alles war nass. Bis auf den Körperteil auf dem wir saßen. Irgendwann spürte ich so die aufsteigende Wut von Stocken. Ich entschied mich für eine Pause. Mit Keksen. Nichts hilft so sehr die Stimmung wieder hoch zu bringen wie Doppelkekse mit Schokolade. Wir machten an einer Stelle fest und Tierchen suchte sich gleich einen Stock zum Spielen. Stocken aß Kekse, während ich mit der Plane versuchte, den Regen davon abzuhalten, unseren Tiefgang im Boot zu erhöhen. Ich hatte semihaften Erfolg. Die Stimmung war fast auf dem Nullpunkt. Irgendwann entschlossen wir uns, weiter zu fahren. Denn der Regen wurde nicht weniger. Aber auch nicht mehr.

Als wir uns ins Kanu setzten, wurde auch der letzte Teil unserer Körper nass. Denn der Sitz war nun auch durchgeweicht. Aber es half nichts. Den „Point off no Return" hatten wir überschritten und mussten, egal was kommt, nach Berkenbrück. Kilometer um Kilometer bissen wir uns gegen Wind, Regen und Kälte durch. Ich versuchte Stocken mit Pommes zu

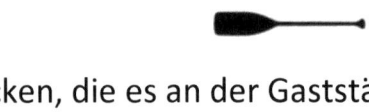

locken, die es an der Gaststätte dort geben könnte. Es kam wie es kommen musste: Heute geschlossen. Es war wie verflucht! Endlich, nach vier Stunden im Dauerregen und 20 Kilometer in den Armen, war die Gaststätte erreicht. Die Betreiber waren gerade dabei zu zuschließen. Ein letztes Bier bekamen wir. Wenigstens etwas. Aber ein Glühwein wäre uns lieber gewesen. Als wir das Zelt aufbauten, sahen wir, dass sich unter dem Holzpavillon zwei ältere Pärchen aufhielten. Immer noch in nassen Klamotten bauten wir das Zelt auf. Der Magen war leer und Stocken brachte mich in Gedanken wohl schon zum zehnten Mal um. Ich konnte es ihm nicht verdenken. Innerlich grummelte ich auch. Manchmal ärgert man sich selber über sich. Ich sagte zu Stocken: „Die Pärchen könnten auch trocken auf ihren Motorbooten sitzen. Der Pavillon ist für Wasserwanderer. Na, die werden wir schon vergraulen." Ein Grummeln war seine zustimmende Antwort. Als wir gerade dabei waren, das Zelt mit Schlafsäcken und Isomatten zu bestücken, tauchte plötzlich eine Frau auf. Tierchen bellte erschrocken drauflos und zwischen dem Bellen erklärte die Frau uns, dass sie so viel gekocht hätten und dass noch sehr viel übrig wäre. „Wenn ihr fertig seid, kommt mit Tellern und Besteck hoch. Wir machen euch die Reste warm. Bis später!" Stocken und ich guckten uns an. Ich war getröpfelt. So lieb war diese Einladung. Das gab uns neuen Schwung. Als wir mit Tellern bewaffnet zum Pavillon gingen, machten die beiden Damen uns alles nochmal warm. Es gab Bratkartoffeln, Bohnen und Rührei mit Speck. Was war das gut!!! Sowas Simples und dennoch Tolles. Wir hauten rein und ich kratze zum Schluss noch die Pfanne aus. Während des Essens erzählten uns die Herrschaften, dass im Ort eine Pension ab 6.00 Uhr Frühstücks-Buffet für nur 6,50 Euro anbot. Da war klar, das werden wir uns morgen geben.Dieser Abend ging früh zu Ende. Viel zu kaputt waren wir, um noch Energie zu haben, die Augen offen zu halten. Selbst Tierchen wollte nur noch schlafen. Aber wir haben 37,5 Kilometer gemacht und wurden belohnt. Von tollen Menschen mit einer einfachen Geste. Diese Welt kann das Paradies sein. Wenn wir es nur wollen!

Zweimal zum Mitnehmen bitte.

Am nächsten Tag wachten wir früh auf. Hatten aber dennoch 10 Stunden geschlafen. Wir genossen das sehr gute und bürgerliche Frühstück in der Pension. Unser letztes Bargeld war damit futsch. Von den beiden Pärchen war nichts zu sehen. Während wir langsam einpackten und versuchten das klamme Zelt erst mal zu trocken, liefen sie gemütlich an uns vorbei. „Wir gehen jetzt zum Frühstück. Wir melden euch dann an, dass ihr noch kommt." Wir riefen: „Danke, aber wir waren schon essen." Da war man etwas verwundert, dass man schon so lange wach war. Als wir fast am losfahren waren, kamen sie vom Frühstück zurück. Wir machten gute Fahrt. Kurz vor der Schleuse Fürstenwalde, überholten uns die beiden Boote mit den Pärchen. Ich rief ihnen zu, sie sollen auf uns warten mit der Schleusung. Die Antwort überraschte uns, denn man wolle vorher noch einkaufen. Zu dem Zweck hielten sie auf das rechte Ufer zu. Da fiel Stocken ein, dass er auch noch Milch bräuchte. Er wolle auch einkaufen. Ich schrie nun zu den beiden Booten rüber, ob sie uns bitte Milch mitbringen könnten. „Zwei Mal", schrie Stocken. Woraufhin ich noch verkündete, dass wir bis zur Abbiegung Müggelspree paddeln und spätestens dort auf sie warten würden. Ein Daumen nach oben war das Zeichen für „beschlossene Sache".

Also schleusten wir durch Fürstenwalde und paddelten ganz in Ruhe weiter. Urlaubstempo. Wir schauten uns immer wieder um, ob sie nicht bald zu sehen seien. Vielleicht hatten sie die Milch auch vergessen. Doch nicht Mal 500 Meter vor dem Abzweig zur Müggelspree kamen sie angefahren und wir tauschten Geld gegen Milch mitten auf der Spree. Sowas nennt man wohl „Frei Kanu"-Lieferung.

An diesem Tag passierte auch noch was Interessantes. Wir fuhren gerade an Hangelsberg vorbei, als mir die Spree-Curry-Bude ins Auge sprang. Man darf sich vorstellen: ein steiler Hang von fünf Metern, obendrauf ein Steinpavillon, der als Currywurstbude fungierte. Ich sah eine Frau, die sich gerade auf die dazuge-

hörige Terrasse begab. Laut schrie ich ihr zu:
„Entschuldigung... Nehmen sie auch Karte?!"
Folgendes Gespräch entfachte sich zwischen
mir, der versuchte, das Kanu auf einer Stelle in
dem reißenden Fluss zum Stehen zu bringen,
und der Frau auf dem Hügel.
Paul: „Entschuldigung, nehmen sie hier Kar-
te?"
Frau: „Ich arbeite hier nicht, ich frage."
Paul: „Danke!"
Frau: „Nein, nehmen sie nicht!"
Paul: „Na, war ja klar...wenn mal was offen
hat, sind wir pleite.
Gibt es hier einen Automaten?"
Frau: „Ja, die Straße runter ist einer."
Paul: „Stocken...jetzt gibt's Pommes!"

Ich steuerte den Fritz ans Ufer, das so aussah
als hätten viele hungrige Wasserwanderer diesen Trampelpfad benutzt. Wir machten fest,
ich lief einen Kilometer ins Dorf. Ich hätte mal
fragen sollen, ob der Automat weit weg ist. Ich
lief mit Geld in der Tasche und zwei Hundefut-
terdöschen (der Dorfkonsum war neben dem
Automaten) zurück. Bestellte zweimal Pom-

mes/Curry zum Mitnehmen und selig und zufrieden mampften wir kurze Zeit später unsere Pommes. Stocken erkannte zu Recht, dass ich diese Schmach nicht auf mir sitzen lassen wollte. Ich habe ihm Pommes versprochen und wollte es halten!

Stille Post

Man mag es kaum glauben, aber auf jedem Fluss reden die Leute miteinander. Teilweise ist es echt skurril, wie man immer wieder denselben Leuten begegnet und das oft über Tage hinweg. Oftmals mit mehreren Tagen Pause dazwischen. Sehr interessant war die Begegnung mit dem „B-Gleiter". So hieß sein Boot. Er erinnerte mich an den Schnupferich aus den Mumins Büchern. Einen sehr schönen Einer-Kanadier hatte er. Einen Bell. Sein Besitzer hatte einen brauen Jägershut auf, saß in der Mitte seines Kanus in einem halben Schneidersitz und paddelt mit eleganten Schlägen nur auf einer Seite. Sein Paddel hatte ein etwas schmaleres Blatt und er zog es nur bis zur Hälfte durch und schwang es dann elegant mit einer Art „Acht-Bewegung", so dass er schnurgradeaus fuhr. Er hatte alles dabei. Wenn man meinen Fritz mit seinem „B-Gleiter" verglich, hatte man das Gefühl, als würde man immer noch im Sand spielen. Aus diesem Grund heißt mein erstes Buch auch „Ich kann gar nicht paddeln" und das hier „Ich kann immer noch

nicht paddeln". Genau wegen solcher Wasserwanderer. Die sind viel besser. Haben es
einfach anders drauf.

Das erste Mal trafen Stocken und ich ihn in der
Schleuse kurz hinter Werder. Nein...da fällt mir
ein, das erste Mal war eigentlich, als er an uns
vorbei fuhr, während wir in Werder zusam-
mengepackt haben. Egal. Wir kamen so ins Gespräch, indes die Schleusung voranschritt. Ich
erkundigte mich nach Uhrzeit und Wetter, was
Wasserwanderer halt so interessiert. Er gab
mir die Aussicht auf wenig Regen. Er war mir
sympathisch! Nach der Schleusung wünschte
man sich einen guten Weg und fuhr weiter.

Das nächste Mal sahen wir ihn 2 Tage später
gegen 18.00 Uhr in Hangelsberg. Kurzer Hand
bremste er, und ich rief: „Oh, ich dachte, Du
bist schon längst Kilometer weit weg und vor
uns!" Er antwortete: „Ich dachte, ich sehe
euch nie wieder. Aber ihr habt auch gut durchgezogen. Alle Achtung!" Er erzählte uns, dass
er die Schleuse in Neubrück allein bewältigen
konnte, weil er einen Kanuwagen dabei hatte,
er berichtete davon, dass ihn der Regen am
letzten Tag an der Drahendorfer Spree gastie-

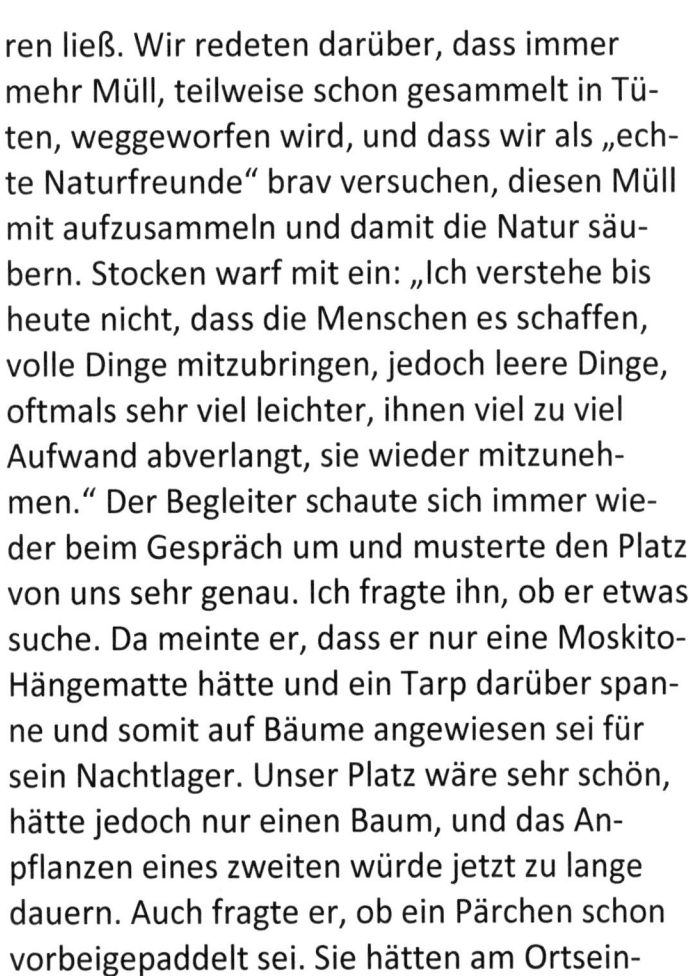

ren ließ. Wir redeten darüber, dass immer mehr Müll, teilweise schon gesammelt in Tüten, weggeworfen wird, und dass wir als „echte Naturfreunde" brav versuchen, diesen Müll mit aufzusammeln und damit die Natur säubern. Stocken warf mit ein: „Ich verstehe bis heute nicht, dass die Menschen es schaffen, volle Dinge mitzubringen, jedoch leere Dinge, oftmals sehr viel leichter, ihnen viel zu viel Aufwand abverlangt, sie wieder mitzunehmen." Der Begleiter schaute sich immer wieder beim Gespräch um und musterte den Platz von uns sehr genau. Ich fragte ihn, ob er etwas suche. Da meinte er, dass er nur eine Moskito-Hängematte hätte und ein Tarp darüber spanne und somit auf Bäume angewiesen sei für sein Nachtlager. Unser Platz wäre sehr schön, hätte jedoch nur einen Baum, und das Anpflanzen eines zweiten würde jetzt zu lange dauern. Auch fragte er, ob ein Pärchen schon vorbeigepaddelt sei. Sie hätten am Ortseingang den Wasserwanderrastplatz gesucht und, als er vorbei kam, ihn um Rat gefragt. Auf ihrer Karte von 1987 wäre an der Stelle ein Platz eingezeichnet. Wir mussten alle schmunzeln.

Okay, der Fluss hat sich nicht verändert, dass stimmt wohl, doch die Gesetze und die Plätze schon. Ich hatte niemanden gesehen, doch Stocken meinte wohl, dass jemand vorbeigekommen sei.

Der B-Gleiter entschloss sich, noch weiter zu fahren. Wir scherzten noch etwas über das Pärchen mit der Karte von 1987 und ließen den Abend ausklingen.

Am nächsten Tag fuhren wir zur besten Brunch-Zeit los und hatten unser Ziel Erkner vor Augen. Irgendwann, während wir kurz Rast machten, überholte uns ein Pärchen mit zwei Kajaks. Ich dachte mir nichts dabei, da wir die beiden schon in Hangelsberg gesehen hatten, als sie gerade ihre Boote beluden. Erst als wir sie dann zügigen Paddelschlages überholten, erinnerte ich mich an die Geschichte vom B-Gleiter. Ich fragte freundlich die beiden, ob sie das Pärchen wären mit der Karte von 1987?! Sehr verdutzte Augen schauten uns an und stotternd kam ein: „Ja, das sind wir...nur woher wissen Sie das?" Daraufhin berichtete ich ihnen, dass der B-Gleiter uns schmunzelnd die Geschichte erzählt hätte. Und sagte zu ihnen:

„Sie sind schon Spree-Gespräch." Darüber amüsierten sich wiederum die beiden sehr. Kurze Zeit später trafen wir den B-Gleiter wieder, als er gerade losfahren wollte. Und ich berichtete ihm, dass wir nun das Pärchen getroffen hätten. Es ist manchmal wie „stille Post"...oder eben „stiller Fluss". So ist es auf dem Wasser wie auch sonst im Leben: alle tauschen sich aus, reden über- und miteinander und sprechen über ihre Erfahrungen.

Stockens Sicht und Faktenbericht

Meine Woche mit Paule und Tierchen
Bei jeder dummen Idee kommt man irgendwann an einen Punkt, an dem man sich fragt: „Bist du eigentlich irre?" Ich stellte mir diese Frage am Mittwoch, den 26.07.2017 irgendwo auf einem Kanal im Spreewald gegen 15.00 Uhr. Doch der Reihe nach...
Angefangen hat es, als ich Pauls erstes Buch gelesen habe und mir gedacht habe: „Cool, eine Woche, nur mit dem Nötigsten und vor allem kein HANDY, durch den Spreewald und

mal runterkommen. Du hast zwar keine Ahnung vom Paddeln, aber du hast ja Paul."
Schon die Vorbereitungen waren für mich
recht lustig. Ich hätte nie gedacht, dass Männer sich Bilder von den Sachen, die sie mit in
Urlaub nehmen, zuschicken, und vor allem
drüber diskutieren, was Sinn macht und was
nicht. Schon schön.

Am 22.07.2017 fuhr ich denn voller Freude
und vollkommen ahnungslos Richtung Spreewald.
Nach dem großen Ankommen-Hallo wurden
gemütlich schon mal alle Sachen wasserdicht
umgepackt und erste Vorbereitungen getroffen. Danach bei einer sehr leckeren Hopfen-
kaltschale noch gegrillt und die Urlaubsstim-
mung war auf „Hier-kann-ich-bleiben"-Level.

Am nächsten Tag das Kanu auf den Anhänger,
was sich schon mal als erste spannende Auf-
gabe herausstellte. Paul hatte da eine andere
Herangehensweise als sein Vater. Aber was
soll's, ich hab Urlaub und lass die beiden ein-

fach mal machen. Tierchen und ich haben uns derweil die Zeit mit Ballwerfen vertrieben.

Wir sind dann bei Petkamsberg ins Wasser. Paul musste dann erst mit dem Vollhonk vor ihm (meine Wenigkeit) kämpfen, um ihm die Grundzüge der ruderbetriebenen Fortbewegung beizubringen. Herrlich!
„Still sitzen!", „Wackel nicht so!", „Die Bewegung, das war nur der Hund, keine Panik!", „Zieh nicht so kräftig durch, wir fahren ja nur im Kreis!"
Nachdem wir das geklärt hatten, konnten wir uns dann endlich auf das Paddeln und viel wichtiger, auf den Spreewald konzentrieren. Eisvögel, Elbebiber, Kraniche, Störche, und noch viel mehr Tiere in teilweise greifbarer Nähe. Und kaum Zivilisation, die stört.
Nach ca. 2 Stunden gab es die erste kleine Einkehr bei einer Hausbrauerei mitten im Spreewald. Frisch gezapftes Zwickel mit Füßen im Wasser. Ein schicker Anfang. Zwei Stunden paddeln = ein Bier – bleibt das so?
Nach dieser Stärkung ging es weiter durch die da schon sehr unberührte Natur. Ich brauchte

da immer noch einiges an Zeit, um zu merken, dass das jetzt wohl genau so erst mal bleibt. Auf irgendeinem See steuerte Paul dann eine Insel an und meinte nur: „Wir gehen baden." Ich muss wohl etwas blöd geschaut haben, Paul grinste mich an. Er hat mir wohl angemerkt, dass Badengehen für mich eher was mit Fliesen und Chlorwasser zu tun hat. Aber egal, Klamotten aus und rein ins Wasser. Es war herrlich. Saukalt, aber herrlich erfrischend. Gegen 17.00 Uhr trafen wir an unserem Etappenziel ein. Ein schick gelegener Gasthof direkt an einem malerischen Spreearm. Zelt aufschlagen und Sachen einräumen war schnell passiert und wir konnten uns der Speisekarte des Gasthofs widmen. Gegen 21.00 Uhr ging es dann mit einem letzten Bier die zehn Meter zurück zum Zelt. Ein großes Hallo unsererseits gab es noch für den Wirt, der uns noch Eis zum kühlen unserer Getränke brachte. Es gibt hier sehr freundliche Fingeborene.

Die erste Nacht auf einer Iso-Matte war für mich alten Mann dann doch eher unschön. Ein stundenlanges Hin- und Hergewälze. Nach gefühlt 5 Minuten Schlaf hieß es gegen 7:30 Uhr FRÜHSTÜCK. Das war nach der Marke „Einfach, aber gut." BIS AUF DEN KAFFEE. Ich hatte vergessen, Paul zu sagen, dass löslicher Kaffee nicht wirklich meine Welt ist. Aber trotzdem brav DANKE gesagt und den Kram runtergespült.

Dann Zelt abbauen, Kanu beladen und wieder lospaddeln. Die Tiere wurde immer mehr, die Landschaft wurde immer ruhiger und Paul immer redseliger. Der kann aber auch eine Menge erzählen, oder singen, oder kommentieren, oder... Und das Tierchen lag auf seinem Logenplatz und ließ die Knechte für sich schuften.

Am Montagabend trug es sich denn zu, dass wir unser Lager an einem leicht abschüssigen Hang aufbauten. Um ca. 19.00 Uhr gesellten sich noch fünf jüngere Wasserwanderer dazu, mit denen wir einen entspannten, ruhigen Abend verbrachten. Als ich irgendwann in der Nacht durch ein fürchterliches Rauschen geweckt wurde, stellte sich das Rauschen als ein ordentlicher Regenschauer heraus. Kleine, fröhliche Bäche gluckerten unter unserem Zelt

durch. Wir waren froh, auf dem Hang aufgebaut zu haben, da das Wasser dann wenigstens unter dem Zelt durchlief, und nicht drunter stehen blieb. Trotzdem ließ Paul es sich
nicht nehmen, mitten in diesem Sauwetter
mitsamt dem Klappspaten nach draußen zu
hechten, um oberhalb des Zeltes einen kleinen
Graben zu ziehen, damit das Wasser um das
Zelt herumgeführt wird. Hat wohl auch ge-
klappt, das Gluckern unterm Zelt hörte auf.
Am nächsten Morgen krochen wir beide eini-
germaßen ausgeschlafen aus dem Zelt und
staunten nicht schlecht. Das gesamte Innenle-
ben unserer Nachbarzelte hing tropfend und
klatschnass über allem, was die Natur so her-
gab. Unsere fünf Nachbarn hatten ihr Lager
weiter oben in einer flachen, kleinen Senke
aufgebaut und sind in der Nacht böse abgesof-
fen. Sie machten sich dann zwei Stunden später mit merkwürdig tiefliegenden Kajaks auf
die Weiterreise.
Der gesamte Montag und Dienstag war dann
eigentlich nur dazu bestimmt, uns mit Eindrü-
cken von viel Natur, viel Ruhe und viel Paddeln
zu versorgen. Dass wir allerdings während der

gesamten Tour auch gleichzeitig als Buffet für Mücken und Bremsen dienten, war nicht so schön. Paul hatte zwar ein passendes Mittelchen mit, aber schon lustig, wie die Viecher die Stellen finden, die man nicht eingeschmiert hat. Trotzdem konnte ich ab und an mal einfach in der Sonne faulenzen und den Herrn Knallkopf alleine paddeln lassen. Gehörte einfach auch mit dazu, ich hatte ja schließlich Urlaub. Für mich waren diese Natur und diese Ruhe in so einer Nähe zu Berlin beeindruckend. Als sich denn keine 50 Meter vor uns auch noch ein Steinadler in die Luft schwang, war das atemberaubend. Ja, und auch Paul hielt mal den Mund.

Dann kam der Mittwoch:
Der Tag startete mit Frühstück, Zelt abbauen, Kanu beladen und dem Gefühl, dass es wohl heute Regen geben könnte. Um 12.00 Uhr hatten wir unser Tagesziel erreicht und der Motivationsclown unserer Reisegruppe (Paul) meinte, wir könnten ja noch weiterfahren, wir hätten ja noch genug Zeit. Außerdem gäbe es an der nächsten Zeltmöglichkeit auch eine net-

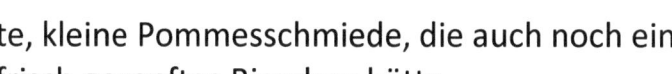

te, kleine Pommesschmiede, die auch noch ein frisch gezapftes Bierchen hätte.

Also gut, Paul, dann fahren wir halt eben weiter. Wird ja schon nicht so schlimm werden.

WEIT GEFEHLT!!!

Keine zehn Minuten, nachdem wir uns auf den Weg gemacht haben, fing es ganz vorsichtig und fein an zu regnen. So diese Art von Regen, die als erhöhte Luftfeuchtigkeit anfängt. Erst merkt man nix und irgendwann denkt man sich: „Boah, ist das aber alles klamm hier." Es dauerte denn auch eine gute Stunde, bis wir das überhaupt merkten, aber egal, wird schon nicht so schlimm. Dann bogen wir auf einen großen, breiten Kanal ab, auf dem wir den Wind frontal von vorne hatten.

„Sind ja nur noch sieben Kilometer", meinte Paul, „nur noch sechs Kilometer hier auf dem Kanal, und dann rechts und wir sind da."

Es ist schon faszinierend, wie sehr der gerade, breiter Kanal, über den wir fuhren, an der mentalen Kondition zerren kann, wenn…:

A.... man permanent gegen den Wind und die Wellen paddelt.

B....es langsam aber sicher immer stärker anfängt zu regnen.

C....man dank der Kilometerschilder, die alle
100 Meter am Rand stehen, sieht, wie langsam
man vorwärts kommt.

D.... man irgendwie das Gefühl hat, etwas ganz
gravierend falsch gemacht zu haben.

E.... und man Pauls „gleich sind wir da…" nicht
mehr wirklich Glauben schenkt.

Nach gefühlt 128 Stunden paddeln (es war
17.00 Uhr) und einer Laune, die mittlerweile
bei uns beiden trotz unzähliger Selbstmotivati-
onsversuchen unterirdisch war, kamen wir
denn dann doch am Rastplatz an. Und toll,
dank des Regenwetters hatte die Gaststätte
geschlossen. Soviel dazu. Aber ein frisches Bier
haben wir auf die Schnelle noch bekommen.
Da standen wir also wie zwei begossene Pudel
mit unserm Bier und hatten die Schnauze aber
sowas von voll. Aber hilft ja nix. Boot leer ge-
räumt und die trockenste Stelle vom Platz suchen.

Die einzige Grillhütte auf diesem riesigen Platz
war belegt von zwei Pärchen, die lustig vor sich

hin grillten und reichlich Alkoholika vernichteten. Wir beide bauten im mittlerweile strömenden Regen das Zelt auf und räumten unsere nassen Sachen ein, wobei wir uns gleichzeitig lautstark ausmalten, mit welchen bösen Methoden wir die zwei Pärchen aus dieser Grillhütte vertreiben würden.

„Die Hütte ist nicht groß genug für uns sechs!" Auf einmal hörten wir Schritte und eine weibliche Stimme teilte uns freundlich mit, dass die vier in der Grillhütte noch reichlich Essen übrig hätten, wir ja wohl komplett durchgefroren sein müssen und wir gerne zu Ihnen kommen können und die Reste verputzten dürfen. Ganz ehrlich: Das war einer der schönsten Momente der Tour. Wildfremde Menschen bieten dir Essen an, und das nach so einem Tag.

Es gab warme Kartoffelscheiben (Paul weigert sich bis heute, das Bratkartoffeln zu nennen), Rührei und noch was anderes. Ach ja grüne Bohnen. Egal, es war lecker und es brachte zusammen mit unserem letzten Bier die Stimmung wieder auf einen normalen Level.

Am nächsten Morgen startete der Tag mit einem sonnigen Gruß vom Himmel und einem wunderbaren Frühstück in einer kleinen Dorfpension. "All-you-can-eat-mit-so-viel-KAFFEE-wie-reingeht für 6,50 €". Unsere Laune war perfekt. Hiermit nochmal einen herzlichen Dank an die beiden Paare für das Essen und den Tipp mit dem Frühstück.

Es ging dann auf dem Kanal weiter, wobei man langsam auch die Nähe zu Berlin bemerkte. Industrieanlagen, Straßen, Leute. Nach 4 Tagen mit dem Kanu fand ich es dann sehr erschreckend, dass man den Verkehrslärm der A10 schon drei Stunden vor dem Erreichen der Autobahn hörte. Irgendwie gruselig.

Plötzlich hörten wir ein ruhiges Tuckern hinter uns und die zwei Pärchen kamen mit ihren Booten längs. Sie erklärten uns, dass sie noch einkaufen wollten, und ich platzierte noch freundlich eine Bestellung für zwei Liter Milch, wenn schon kein ordentlicher Kaffee, dann wenigstens die guten Morgen-Milch. Nach vier Kilometern und der Fürstenberger Schleuse kamen passgenau die beiden Boote wieder längs und es wurde mitten auf dem Wasser unter großer Freude und mit einigen dummen Sprüchen die Geld- und Milchübergabe durchgezogen. Meine Begeisterung über den weißen Kaffeeersatz hielt allerdings nur bis die vier außer Hörweite waren. Wie, bitte, kommt jemand auf die Idee, laktosefreie Milch zu kaufen? Das rangiert für mich in etwa gleich mit holländischem Bier. Riecht so, sieht so aus, isses aber nicht. Aber egal, besser als löslicher Kaffee.

An diesem Abend schlugen wir unser Zelt auf einem Platz im Nirgendwo auf. Eine Biegung der Spree, in der ein umgestürzter Baum lag. Die Strömung war hier so klasse, dass man perfekt auf der Stelle schwimmen konnte. Nach einem guten Abendessen hörten wir auch noch einer Biberfamilie zu, wie sie den umgestürzten Baum bearbeiteten.

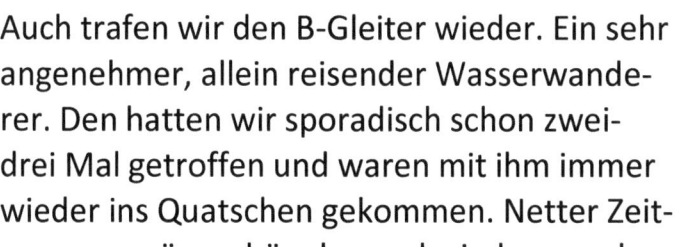

Auch trafen wir den B-Gleiter wieder. Ein sehr angenehmer, allein reisender Wasserwanderer. Den hatten wir sporadisch schon zwei-drei Mal getroffen und waren mit ihm immer wieder ins Quatschen gekommen. Netter Zeitgenosse, wäre schön den mal wieder zu sehen.

Am Freitag erreichten wir denn wieder Zivilisation. Oh, Himmel, war das grausam. Ein schöner großer See mit fast nur komischen Leuten. Mittags um 14.00 Uhr schon hacke stramm auf 'nem Partyfloß mitten auf dem See, Sportboote, die wie irre an einem vorbeifahren, ein ordentlicher Kulturschock nach den kleinen ruhigen Booten auf den kleinen Spreekanälen.

Dann schweren Herzens ans Ufer, Sachen und Boot raus und alles wieder auf den Anhänger. Es folgte noch ein sommerlicher „Weißtenoch-Abend" bei Paul und seinen Eltern am Grill mit einigen gepflegten Bieren, um die Erinnerungen anzukurbeln.

Und so wie ich diese Zeilen schreibe, ist die nächste Tour schon gebucht...

Einer der schlimmsten Tage meines Lebens

2012 Dalsland, Schweden. Es war der letzte Tag meiner Ausbildungswoche zum Kanu-Scout.

Es war der Samstag. Tag der Abreise. Die Woche war genial. Es war schön und sehr lehrreich. David (ein anderer Kurs-Teilnehmer) und ich waren am Steg eingeteilt, um die abreisenden und die ankommenden Kanus zu koordinieren. Wir sollten, wenn nötig, Hilfestellung und Tipps geben, zum Beispiel wie man ein Kanu richtig belädt. Gegen 11.40 Uhr erreichte mich meine Mutter auf dem Handy. Die ganze Zeit war es aus gewesen, doch nun, wo es nach Hause ging, wollte ich wieder erreichbar sein. Meine Mutter klang sehr besorgt und erzählte mir aufgeregt, dass mein Hund (Tierchen) wohl irgendwas Giftiges gefressen hätte und nur noch zuckend daliege. Ich war völlig erstarrt. Ihre Worte wollten einfach nicht in meinen Kopf. Ich schrie sie an, wie das hätte passieren können, und dass sie zum Tierarzt fahren solle. Sie sagte: „Gut", und legte auf. Mein Handy flog mit voller Wucht und Verzweiflung auf den Boden. Ich brach zusammen! Ich war käsebleich und nicht mehr in der Lage, klar zu denken. Das wichtigste in meinem Leben, mein treuer Freund, würde wohl sterben. Was ich in diesem Moment fühlte, ist in etwa so zu beschreiben, als wenn dir jemand bei voller Fahrt das Vorderrad vom Fahrrad wegreißt und du komplett auf den Boden krachst. Du möchtest weinen, kotzen, schreien und fluchend losrennen. Sofort. Doch ich musste weiterarbeiten bis 20.00 Uhr abends. Ein Pärchen, das nach ihrer Urlaubswoche gerade zurückgekommen war, sah mich und die Frau fragte: „Mensch, Paule, was ist denn mit Dir los. Du siehst ja schlimm aus. Gar nicht so lustig wie noch vor einer Woche." Als ich ihr daraufhin erzählte, dass mein Hund gerade im Sterben liege, ich nicht wisse, was passiert sei und mich viel zu hilflos fühle, um überhaupt geradeaus zu laufen, rief sie ihrem Mann zu: „Schatz, hol mal die Whiskyflasche raus. Paul braucht jetzt erst mal einen kräftigen Schluck!" Das war eine so liebe Geste, dass ich mich noch heute ärgere,

nicht ihre Adresse zu haben, um ihnen danken zu können.

Es sollte weitere 12 Stunden dauern bis ich endlich in Berlin ankam. Jedoch das Tierchen sah ich erst drei Tage später, weil man mir den Besuch vorerst verweigerte. Es lag im Koma und man würde es erst am Mittwoch aufwecken. Ich wartete drei Tage und dann war alles vorbei. Die Tierarztpflegerinnen waren froh, das knurrende und zähnefletschende Monster wieder los zu werden, da es niemanden mehr an sich ran ließ.
Ich bin heilfroh, dass diese Geschichte so gut ausging wie auch die nächste.

Mein Name ist...

Wenn man arbeitslos gemeldet ist, wird man als erstes in eine Weiterbildungsmaßnahme zum Thema „Bewerbungsunterlagen" gesteckt. Es kommt immer auf den Dozenten an. Von Berufung bis hin zu Ohrenbluten und Schmerzensgeldklagen habe ich schon alles erlebt. 2012 saß ich mal wieder in solch einem Weiterverarschungsseminar. Dabei kam mir aber die Idee, mein Hobby zum Beruf zu machen.

Diese Idee hatte aber wenig mit der Dozentin zu tun. Sie war eher unter der Rubrik „Schmerzensgeld und seelische Gewalt" zu suchen. Um dieser Person zu entkommen, suchte ich International. So kam es, dass es mich nach Schweden verschlug. Ich wurde 2012 Kanuscout. Dabei lernte ich auch noch so einiges dazu. Das fängt schon beim Namen an.
Man kann sich gar nicht vorstellen, dass sowas einfaches wie der Name schon zu einigen Missverständnissen führen kann. Ich erlebte, wie erwachsene Menschen sich selbst neue

indische Namen geben. Da wird Jutta dann zu
Nanda oder aus Hans wird Rapper Pete.
Auch aus einer Ulrike kann zu eine Uschi wer-
den.

So stand ich 2012 vor meiner bis dahin noch
unbekannten Gruppe und las die Anwesen-
heitsliste vor. Hätte ja sein können, dass einer
auf der Fähre verloren gegangen ist. Ich verlas
nun die Namen.

Als ich laut den Namen „Ulrike Bandig" vorlas,
hörte ich sofort: „Die heißt Uschi!"
Verdutzt sah ich mich um, und eine junge Da-
me hob ihre Hand. Ich sprach daraufhin: „Oh,
dann muss meine Liste falsch sein, hier steht
Ulrike."
„Nein, ich heiße wirklich Ulrike. Nur mein
Freund nennt mich immer gern mal Uschi."
Ich drehte mich um und Klaus (so hieß ihr
Freund) sagte erneut: „Das ist die Uschi, glaub
mir!"
Ich war nun völlig verwirrt und fragte: „ Wa-
rum?" „Das wirst du schon noch merken!"

Ulrike sagte dazu nichts mehr. Es sei aber erwähnt, dass Ulrike durchaus Uschi-Qualitäten hatte.
Noch heute nenne ich Ulrike so. Und Klaus ist nun ihr Ehemann!

Apropos Ehe. All denen, die den tiefen Wunsch verspüren zu heiraten, sei ans Herz gelegt, eine einwöchige Kajaktour (das ist das mit dem Doppelpaddel) mit dem Partner/der Partnerin zu machen.
Nie sind sie beide weiter aus dem Alltag raus, den Naturgewalten ausgesetzt und müssen sich dennoch auf einander verlassen können.
Gerade beim Kajak ist es sogar noch schwieriger. Da man zusammen im Takt synchron paddeln muss. Manche Menschen schaffen nicht mal alleine, synchron zu atmen und gleichzeitig zu denken.
Stellt man sich nun vor, dass man sich eine ganze Woche zusammen ein Zelt teilt, sich unterstützen muss, sich wirklich nah kommt (auch in Situationen, wo es vielleicht schwer ist, sich dem anderen zu öffnen) kann man sofort bzw. schon recht schnell sehen, ob man

eher doch nicht heiraten sollte. In dieser einen Woche sieht man wirklich alle Seiten eines Menschen. Keiner kann sich so lange verstellen. Schon gar nicht, wenn es Dauerregen gibt und sich in alle Körperöffnungen Pfützen bilden. Dann ein falscher Spruch, und der Traumpartner reagiert ganz anders als man dachte. Auch in der Vorbereitung des Urlaubes wird die „Bedürfnisfrage" sehr gerne lange ausdiskutiert. Was für mich und andere Menschen gar kein Problem darstellt, sprich im Wald zu kacken, kann unter Umständen sehr großes Streitpotenzial enthalten.

Es gibt 120 Möglichkeiten sich zu dumm beim Paddeln anzustellen. Glaubt mir, ich kenne alle. Oder wenn es darum geht, das Zelt aufzubauen. Einmal hatte ein Mann seine Frau so angeschrien, weil die das Zelt nicht aufbauen konnte und der Platz am Hang wäre wohl das Dümmste. Sie ging dann ein Buch lesen und er machte ab dann alles alleine. Natürlich fluchte er lautstark darüber, dass er nun alles alleine machen muss. Er baute nun vor sich hin fluchend das Zelt auf dem für ihn besten Platz auf. Die Quittung gab es nächsten Morgen. Es

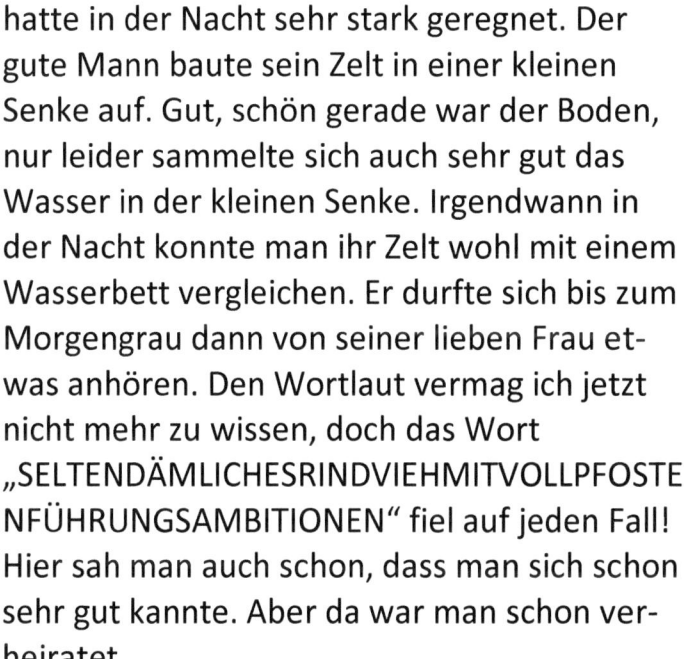

hatte in der Nacht sehr stark geregnet. Der
gute Mann baute sein Zelt in einer kleinen
Senke auf. Gut, schön gerade war der Boden,
nur leider sammelte sich auch sehr gut das
Wasser in der kleinen Senke. Irgendwann in
der Nacht konnte man ihr Zelt wohl mit einem
Wasserbett vergleichen. Er durfte sich bis zum
Morgengrau dann von seiner lieben Frau etwas anhören. Den Wortlaut vermag ich jetzt
nicht mehr zu wissen, doch das Wort
„SELTENDÄMLICHESRINDVIEHMITVOLLPFOSTE
NFÜHRUNGSAMBITIONEN" fiel auf jeden Fall!
Hier sah man auch schon, dass man sich schon
sehr gut kannte. Aber da war man schon ver-
heiratet.
Hätte man vorher vielleicht eine Tour ge-
macht… wer weiß, wer weiß.

An der Stelle sei erwähnt, hätte er das Zelt an
der Stelle gelassen, wo sie es aufbauen wollte,
wären sie viel trockener geblieben. Man hätte
nur mit den Füßen den Hang runter liegen
müssen.

Um es mit den grandiosen Worten einer guten Freundin zu sagen: „Männer und Frauen passen nicht zusammen, außer in der Mitte!"

Mit Geld kann jeder verreisen

„Mit Geld kann jeder verreisen", sagte einst Pipi Langstrumpf. Oder so ähnlich. Mein Irrweg von Dalsland nach Berlin fing an einem Mittwochnachmittag an.

Ich muss jedoch etwas weiter ausholen. Ich war seit 9 Tagen in Schweden als Scout unterwegs.

Da zerriss es mal wieder die Bandscheibe. Mein Körper knockte sich mit Fieber aus. Danach lag ich drei Tage im Camp in meinem Bett und konnte mich nicht wirklich bewegen. Man vergaß mich auch, was Nahrung anging. Tee bekam ich, mehr nicht. Falko, der Campleiter, sagte mir am Mittwochmittag ganz unverblümt: „Du kostest uns nur, ich will, dass du fährst, so kann ich dich nicht gebrauchen." Der nächste Bus wäre am Samstagabend nonstop

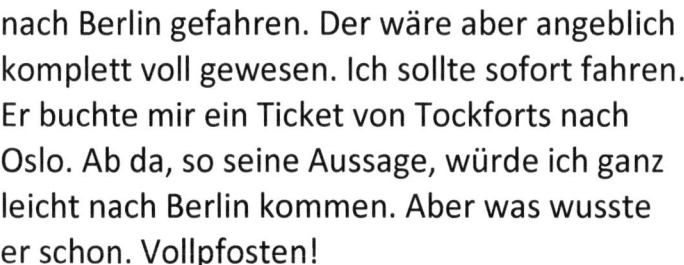

nach Berlin gefahren. Der wäre aber angeblich komplett voll gewesen. Ich sollte sofort fahren. Er buchte mir ein Ticket von Tockforts nach Oslo. Ab da, so seine Aussage, würde ich ganz leicht nach Berlin kommen. Aber was wusste er schon. Vollpfosten!

Er setzte mich um 18.30 Uhr an einer Bushaltestelle ab. Links war nichts zu sehen außer Landstraße. Rechts wurde es auch nicht besser. Um 19.10 Uhr sollte der Bus kommen. Ich saß dort mit einem Packsack, einem Beutel, einem Paddel und wartete auf den Bus nach Oslo.

Ich hoffte die ganze Zeit, dass mein Vater die 400 Euro überwiesen hatte, damit mein Konto gedeckt sein würde und zählte schon mal vorsorglich meine Barschaft. 85,67 Euro und 20 schwedische Kronen. Mehr wurde es nicht. Egal wie oft ich zählte. Um 19.17 Uhr kam der Bus. Die letzten sieben Minuten kamen mir sehr lang vor. Was ist, wenn er nicht kommt?! Doch er kam und ich durfte einsteigen. Der Bus glich einem Trauerspiel, der meiner seelischen Lage gut entsprach. Das Gepäck musste ich mit

reinnehmen, denn aussteigen wollte der Bus-
fahrer nicht. So stellte ich alles ans Fenster,
setzte mich an den Gang und futterte eine Ibu
800, um die Kreuzschmerzen und das Fieber
im Griff zu halten. Ich fraß die Dinger mittlerweile wie Tic Tacs. Die Fahrt schien Stunden
länger zu dauern als in Echtzeit. Gegen ca.
22.30 Uhr kamen wir endlich in Oslo an. Der
Busbahnhof war aber um diese Zeit so gut wie
leer. Ein Zeitungsladen hatte noch offen und
ein Reise-Infoschalter. Ansonsten schliefen,
lagen oder schlurften Menschen durch das
Bahnhofsgebäude. Mit Sack und Pack ging ich
zielstrebig auf den letzten geöffneten Reise-
schalter zu und wollte den ersten Flug nach
Berlin buchen. Aber wenn es mal blöd läuft,
dann tut es das auch weiter! Als ich den Flug
10.26 Uhr Oslo-Berlin für den nächsten Tag
bezahlen wollte, sagte die freundliche Dame
mir, dass die Karte nicht gedeckt sei. Danke,
Vater. Zeit zum Ärgern blieb mir nicht, denn
ich hätte trotzdem immer noch in Oslo ge-
standen.
Ich überlegte kurz und suchte mit der Dame
nun nach der billigsten Verbindung, um über

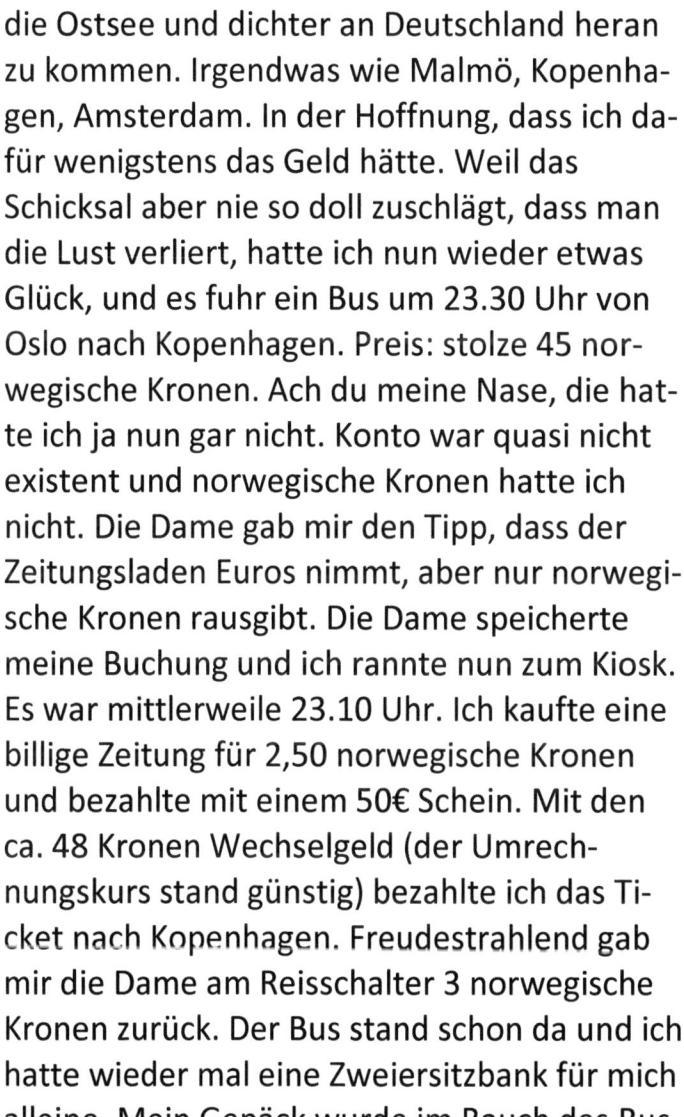

die Ostsee und dichter an Deutschland heran zu kommen. Irgendwas wie Malmö, Kopenhagen, Amsterdam. In der Hoffnung, dass ich dafür wenigstens das Geld hätte. Weil das Schicksal aber nie so doll zuschlägt, dass man die Lust verliert, hatte ich nun wieder etwas Glück, und es fuhr ein Bus um 23.30 Uhr von Oslo nach Kopenhagen. Preis: stolze 45 norwegische Kronen. Ach du meine Nase, die hatte ich ja nun gar nicht. Konto war quasi nicht existent und norwegische Kronen hatte ich nicht. Die Dame gab mir den Tipp, dass der Zeitungsladen Euros nimmt, aber nur norwegische Kronen rausgibt. Die Dame speicherte meine Buchung und ich rannte nun zum Kiosk. Es war mittlerweile 23.10 Uhr. Ich kaufte eine billige Zeitung für 2,50 norwegische Kronen und bezahlte mit einem 50€ Schein. Mit den ca. 48 Kronen Wechselgeld (der Umrechnungskurs stand günstig) bezahlte ich das Ticket nach Kopenhagen. Freudestrahlend gab mir die Dame am Reisschalter 3 norwegische Kronen zurück. Der Bus stand schon da und ich hatte wieder mal eine Zweiersitzbank für mich alleine. Mein Gepäck wurde im Bauch des Busses verstaut. Die Norwegische Zeitung, in der ich die nächsten zwei Stunden blätterte, war die Beste und einzige Unterhaltung, die ich hatte! Ich dichtete mir einfach meine eigenen Geschichten dazu. Da wir erst gegen 7.00 Uhr in Kopenhagen ankommen sollten und mich irgendwann die Müdigkeit überkam, krümmte ich mich (halb vor Schmerzen) auf den Doppelsitz und fiel in einen sehr unruhigen Schlaf. Immer wieder hielt der Bus an und es stiegen Leute ein und aus. Um ca. 5.00 Uhr wurde es hell und ich konnte nicht mehr schlafen. Eine Ibu kann auch sehr nahrhaft sein.

Um 7.03 Uhr stand ich also mit meinem Geraffel auf einer Brücke in Kopenhagen! Diese Brücke verlief über den Bahnhof und man konnte auf die Gleise und die Züge sehen. Doch was sahen meine müden, voll Schlafsand, halb geschlossenen Augen?! Ein Deutscher ICE stand auf Gleis 7. Ich nahm die Treppe runter zum Gleis und lief am Zug entlang, bis ich auf die rauchende Deutsche Bahn-Mitarbeiterin traf. Ihr erklärte ich meine missliche Lage in kurzen und vermutlich sehr verwirrenden Sätzen, denn ich durfte die Geschichte gleich zweimal erzählen. Der Zug mit dem Endziel Berlin, ja tatsächlich, der Zug mit dem Endziel Berlin, sollte um 7.45 Uhr los fahren. Ich hatte nur keine Fahrkarte! Die Mitarbeiterin erklärte mir folgendes: „Bis Puttgarden, das ist die erste Deutsche Station, musst Du Dir irgendwie eine Fahrkarte lösen. Denn bis dahin wird der Zug vom dänischen Personal begleitet, und in Deutschland kannst Du dann bei der Deut-schen Bahn in Notfällen auf Rechnung fahren. Ich kläre das schon vorher mit dem Schaffner. Nur bis Puttgarden musst Du es schaffen." Na super, dachte ich. Da steht der Zug vor deiner Nase und nun musst du noch ein Ticket kau-fen. Im Zug ging nicht, also rannte ich quer durch den Bahnhof zur Service-Center. Ein Schalter war frei und ich wollte grade darauf zu gehen, da leuchtete eine Anzeige. Nr.35 blinkte und daneben stand Point 4. Genial. Ich hatte noch 20 Minuten und durfte vermutlich dabei zusehen, wie mein Zug wegfuhr, weil ich hier erst mal eine Nummer ziehen musste. Bin ich beim Bürgeramt, oder was? Es vergingen ganze 12 Minuten bis meine Nummer auf-leuchtete. Ich rannte los, was man so Rennen

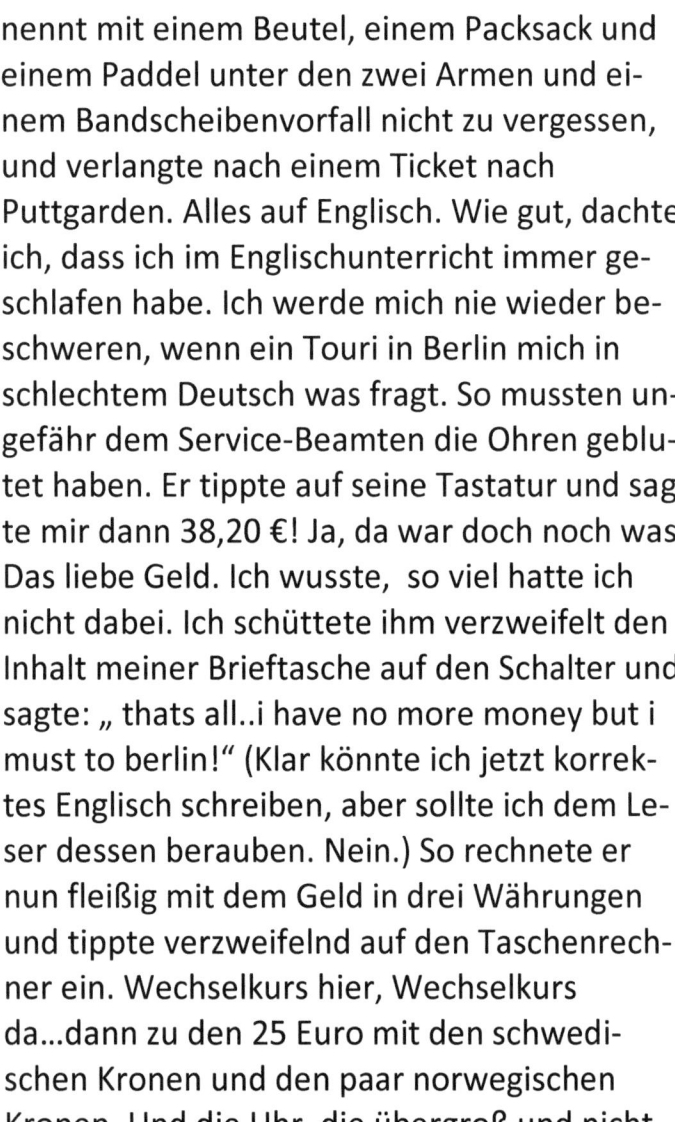

nennt mit einem Beutel, einem Packsack und einem Paddel unter den zwei Armen und einem Bandscheibenvorfall nicht zu vergessen, und verlangte nach einem Ticket nach Puttgarden. Alles auf Englisch. Wie gut, dachte ich, dass ich im Englischunterricht immer geschlafen habe. Ich werde mich nie wieder beschweren, wenn ein Touri in Berlin mich in schlechtem Deutsch was fragt. So mussten ungefähr dem Service-Beamten die Ohren geblutet haben. Er tippte auf seine Tastatur und sagte mir dann 38,20 €! Ja, da war doch noch was. Das liebe Geld. Ich wusste, so viel hatte ich nicht dabei. Ich schüttete ihm verzweifelt den Inhalt meiner Brieftasche auf den Schalter und sagte: „ thats all..i have no more money but i must to berlin!" (Klar könnte ich jetzt korrektes Englisch schreiben, aber sollte ich dem Leser dessen berauben. Nein.) So rechnete er nun fleißig mit dem Geld in drei Währungen und tippte verzweifelnd auf den Taschenrechner ein. Wechselkurs hier, Wechselkurs da...dann zu den 25 Euro mit den schwedischen Kronen und den paar norwegischen Kronen. Und die Uhr, die übergroß und nicht

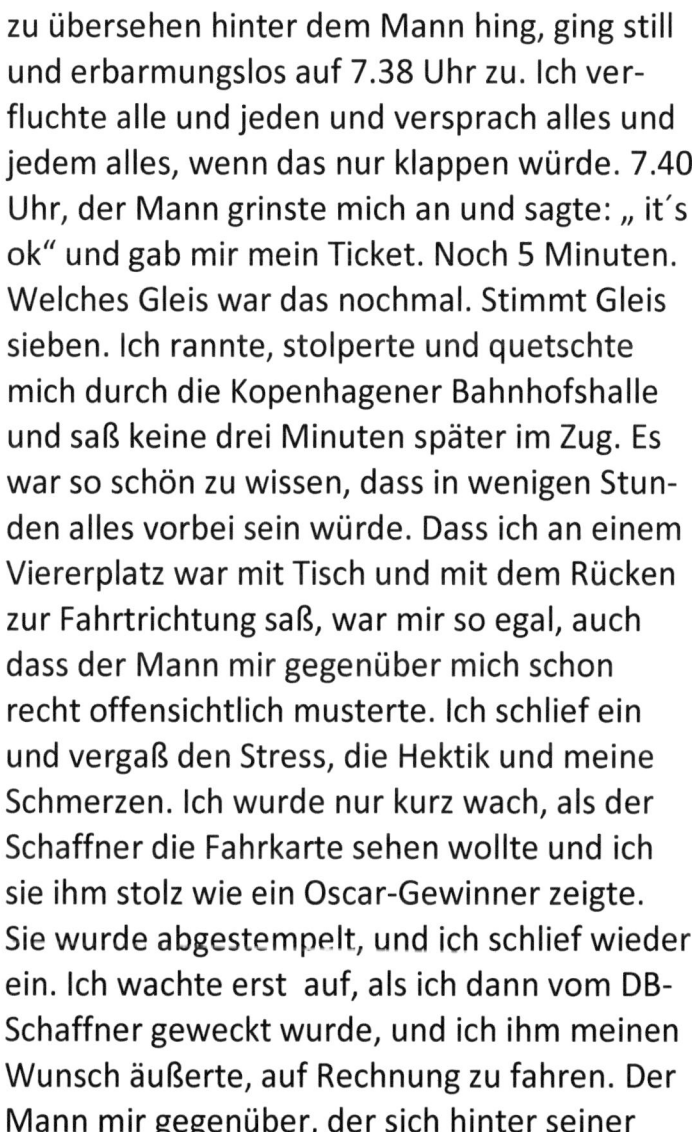

zu übersehen hinter dem Mann hing, ging still und erbarmungslos auf 7.38 Uhr zu. Ich verfluchte alle und jeden und versprach alles und jedem alles, wenn das nur klappen würde. 7.40 Uhr, der Mann grinste mich an und sagte: „ it´s ok" und gab mir mein Ticket. Noch 5 Minuten. Welches Gleis war das nochmal. Stimmt Gleis sieben. Ich rannte, stolperte und quetschte mich durch die Kopenhagener Bahnhofshalle und saß keine drei Minuten später im Zug. Es war so schön zu wissen, dass in wenigen Stunden alles vorbei sein würde. Dass ich an einem Viererplatz war mit Tisch und mit dem Rücken zur Fahrtrichtung saß, war mir so egal, auch dass der Mann mir gegenüber mich schon recht offensichtlich musterte. Ich schlief ein und vergaß den Stress, die Hektik und meine Schmerzen. Ich wurde nur kurz wach, als der Schaffner die Fahrkarte sehen wollte und ich sie ihm stolz wie ein Oscar-Gewinner zeigte. Sie wurde abgestempelt, und ich schlief wieder ein. Ich wachte erst auf, als ich dann vom DB-Schaffner geweckt wurde, und ich ihm meinen Wunsch äußerte, auf Rechnung zu fahren. Der Mann mir gegenüber, der sich hinter seiner

Zeitung versteckte, hörte aufmerksam zu. Der Schaffner zeigte ein breites Grinsen und sagte: „Ach, Sie sind der Herr, meine Kollegin gab mir schon Bescheid! Alles klar! Ich mach das nachher fertig und Sie unterschreiben mir das dann. Ausweis haben Sie bei?!"

Hatte ich natürlich! Kaum war der Schaffner weg, legte der Mann seine Zeitung hin, und ich blickte in sein erstauntes Gesicht. Er sagte zu mir, dass er überrascht wäre, sowas noch nie gehört hätte und wie es dazu käme, dass ich weder Geld dabei hätte noch so überaus doll stank.

Oh, dachte ich, dass ist mir aber peinlich. Ich erzählte dem älteren Mann die ganze Geschichte. Von der Woche am Lagerfeuer in Schweden, von dem Bandscheibenvorfall und der Tortur bis zu dem Zeitpunkt, wo ich ihm nun gegenüber sitze. Er hörte aufmerksam zu, lachte hier und da und fieberte am Schalter in Kopenhagen mit mir mit. Als ich die Geschichte beendete, fragte er mich erstaunt: „Dann hast Du ja seit ca. 16 Stunden weder was gegessen noch getrunken?!" Stimmt, in diesem Moment fiel es mir auch erst auf. Er zückte sein Porte-

monnaie, gab mir 20 Euro und sagte: „ Geh
bitte zum Speisewagen, hol Dir, was Du willst
und bring mir einen großen Kaffee mit." Nun
schaute ich wohl sehr überrascht. Das hatte
ich noch nicht erlebt. Was für ein Moment.
Nach all dem, so eine Überraschung. Dies vergisst man nicht! Genauso wenig wie das, was
ich mir dann kaufte. Einen Schokokuchen und
eine Cola. Koffein, Zucker und Fett. Was man
halt so für einen müden Kreislauf braucht. Wie
heißt es doch: Wenn einer eine Reise macht,
dann hat er was zu erzählen. Stimmt. Nur
manchmal ist es fast unglaublich!

Schweden, immer wieder Schweden

Silvio und ich fuhren wieder mal nach oben ins Dalsland, um dort eine Woche wirklich guten Outdoor-Urlaub zu machen. Wir freuten uns besonders darauf, endlich nicht mehr auf die Rastplätze angewiesen zu sein und wirklich vom „Jedermanns-Recht" Gebrauch zu machen.

Wir hatten uns schon im Bus getroffen, die Fahrten mit den Fähren genossen und an der Reling geraucht. Wir freuten uns zwar nicht auf den Trubel im Outdoor-Camp, wo wir unsere Ausrüstung (für jeden Scheiß Schlange stehen) entgegennehmen würden, da aus unserer Erfahrung wieder alle unkoordiniert, hektisch durcheinanderrennen würden. Wir wollten wir uns die Arbeit einfach teilen. Wir wussten ja, da wir das nicht zum ersten Mal machten, wie es schneller ging. Selbst die Fressalien, Dinge wie Mehl, Kartoffeln, wurden gleich halbiert. Wir stachen recht bald in See und unser Weg führte in eine kleine Bucht. Als wir das Zelt auspackten, um es aufzubauen, merkten wir, dass wir leider nur 4 Heringe bekommen hatten. Wir waren etwas sauer und genervt, bauten uns aber sogleich aus Wurzel-holz neue Heringe! Wir machten Feuer und, während Silvio das Essen kochte, erzählte ich ihm wieder allerlei aus meinem Leben. Zum Beispiel wohne ich seit Jahren in einer Woh-nung im Prenzlauer Berg. Die Wohnung über mir bewohnt genauso lange Marcel. Ich hielt Marcel ja immer für einen etwas tiefenent-spannten Studenten. Bis sich letztens auf dem Flur bei einem unser Gespräche rausstellte, dass er Teamleiter in einer angesehenen gro-ßen Berliner Firma ist. Also, Marcel habe ich schon so einige lustige Momente zu verdan-ken. Er ist der Typ Mensch, der vergisst, seinen Strom anzumelden und dann nach ca. zehn Monaten vor meiner Tür steht und mir sagt: „Paul... ich hab da ein Problem!" Er erklärte mir, man hätte ihm den Strom abgestellt. Er habe einfach vergessen, dass er den Strom anmelden müsse. Er bat mich, ob ich ihm hel-fen könne. So hing fünf Tage lang ein Stromka-bel von seinem Küchenfenster zu meinem. Oder umgekehrt. Bis er das regeln konnte. Oder Marcels Mitbewohner, der liebevoll von

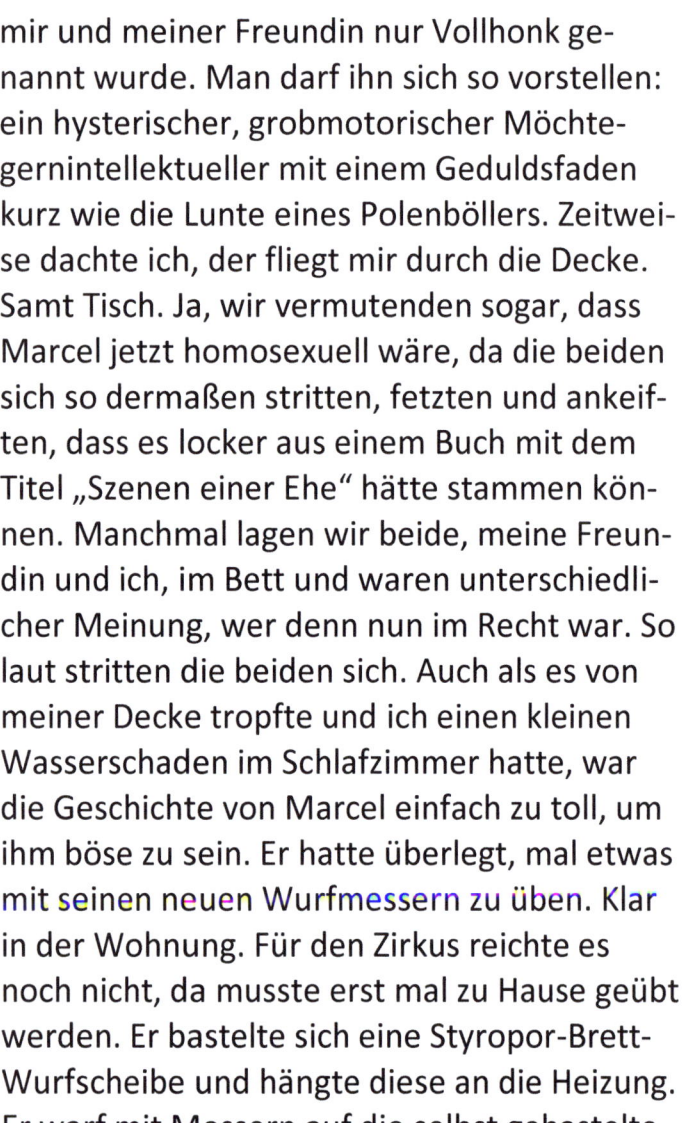

mir und meiner Freundin nur Vollhonk genannt wurde. Man darf ihn sich so vorstellen: ein hysterischer, grobmotorischer Möchtegernintellektueller mit einem Geduldsfaden kurz wie die Lunte eines Polenböllers. Zeitweise dachte ich, der fliegt mir durch die Decke. Samt Tisch. Ja, wir vermutenden sogar, dass Marcel jetzt homosexuell wäre, da die beiden sich so dermaßen stritten, fetzten und ankeiften, dass es locker aus einem Buch mit dem Titel „Szenen einer Ehe" hätte stammen können. Manchmal lagen wir beide, meine Freundin und ich, im Bett und waren unterschiedlicher Meinung, wer denn nun im Recht war. So laut stritten die beiden sich. Auch als es von meiner Decke tropfte und ich einen kleinen Wasserschaden im Schlafzimmer hatte, war die Geschichte von Marcel einfach zu toll, um ihm böse zu sein. Er hatte überlegt, mal etwas mit seinen neuen Wurfmessern zu üben. Klar in der Wohnung. Für den Zirkus reichte es noch nicht, da musste erst mal zu Hause geübt werden. Er bastelte sich eine Styropor-Brett-Wurfscheibe und hängte diese an die Heizung. Er warf mit Messern auf die selbst gebastelte

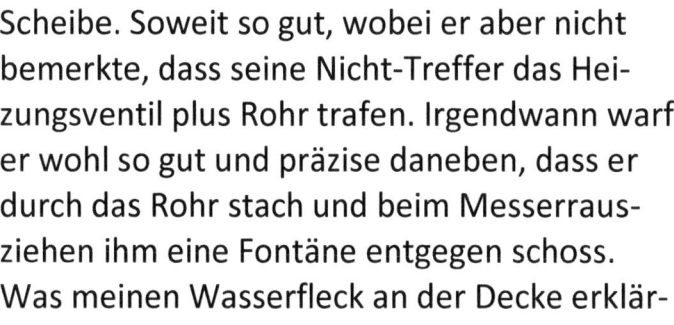

Scheibe. Soweit so gut, wobei er aber nicht bemerkte, dass seine Nicht-Treffer das Heizungsventil plus Rohr trafen. Irgendwann warf er wohl so gut und präzise daneben, dass er durch das Rohr stach und beim Messerrausziehen ihm eine Fontäne entgegen schoss. Was meinen Wasserfleck an der Decke erklärte.

Aber die witzigste Geschichte war die mit Marcels Schlüssel. Meine Freundin und ich wollten diesen Sonntagabend mal romantisch ausklingen lassen, als es plötzlich an der Tür klingelte. Bei mir erkenne ich schon am Klingelton, ob es die Haus- oder Wohnungstür ist. Es war die Haustür. „Hallo?" „Hallo Paul...hier ist Marcel. Mach Mal bitte auf. Ich hab meinen Schlüssel vergessen", kam es aus dem Lautsprecher. Ich drückte auf den Summer und hörte wie Marcel nach kurzer Zeit die Treppe hoch stiefelte. Er sah aber auch witzig aus. Muttis selbstgestrickter Pulli, Jogginghose, Adilette und in der linken Hand zwei Sternburg Bier. Ich fragte ihn, was ihm das jetzt gebracht habe, denn seine Wohnungstür sei ja immer noch zu. Er wollte dann von mir aus den Schlüsseldienst anrufen.

Gut, an dieser Stelle sollte ich wohl erwähnen, dass mich noch nie eine Tür aufgehalten hat. Man hat ja auch dunkle Geheimnisse. Aber wie sagte meine Mutter immer so trefflich: „Du darfst alles machen, du darfst dich nur nicht erwischen lassen!" Ich fragte ihn, ob er die Tür nur ran gezogen hätte. Er bejahte, und wir gingen mit Schraubendreher und anderen Utensilien zu ihm hoch. Ich werkelte etwa zehn Minuten an seiner Tür. Ich stutzte selbst, war ich etwa aus der Übung? Dann bog ich mir einen Kleiderbügel zurecht und zack war die Tür offen. Ein kleiner minimaler Schaden an der Tür, der mit etwas Holzkitt behoben werden konnte, sonst keine Spuren. Marcel staunte nicht schlecht, hat dieser Nachbarschaftsdienst ihm doch gute 250€ erspart. Noch heute lachen wir fröhlich auf dem Flur über unsere gemeinsamen Geschichten, wenn wir uns sehen.

Und während ich Silvio nun diese Geschichten beim Essen in Schweden erzählte, hoffte ich nur, dass Marcel das Haus stehen lässt, so dass ich noch eine Wohnung habe, wenn ich nach Hause komme.

Der Abend selbst wurde noch sehr lustig, da

Silvio und ich uns weitere Geschichten erzählten, bis wir endlich den Weg in unser Zelt fanden. Als wir morgens aufwachten, wunderten wir uns jedoch, warum es so windig war. Die Heringe aus Holz waren wohl doch nicht so gut. Also sie waren natürlich super gut. Waren ja von mir persönlich geschnitzt worden. Nur der Sand, den Gott da so achtlos hingeschmissen hat, als er die Erde erschuf, hatte sich gelockert. Ja, auch die Großen machen Fehler. Der Wind tat das übrige, und unser Überzelt war weg. Wir fanden es etwa 20 Meter von uns entfernt, zerrissen am Baum hängend. Es war der zweite Tag von sieben. Und in Schweden regnete es bekanntlich ja auch fast einmal am Tag. Uns schwante nichts Gutes. Den ganzen restlichen Urlaub schliefen wir ab der Nacht nur noch unter dem umgedrehten Kanu mit einem gespannten Tarp darüber. Was hätte uns das Zelt auch noch genützt. Die Diskussion allerdings mit dem Kanu & Ausrüstungsverleiher vor Ort sollte noch drei Stunden umfassen. Viel mehr gab es eigentlich von der Reise nicht zu berichten, außer vielleicht, dass wir Glück hatten, und es sechs Tage lang nicht ein einziges Mal geregnet hatte. Zwar wurden nach der Woche im Dalsland offene Feuer verboten, weil es zu trocken wurde, doch das betraf ja die Urlauber der neuen Woche. Nicht uns.

Der kleine Moment

Als ich 2012 vier Wochen in Schweden Kanu-scout war, um eine Reisegruppe durch die Landschaft zu treiben, gab es nicht nur schöne Momente.

Es gab auch diese Momente, die eigentlich kaum der Rede wert sind.

Momente, wo man plötzlich merkt, dass man gar nicht mehr das Handy vermisst. Man sitzt am Lagerfeuer und merkt plötzlich, Mensch zu Hause hättest du schon drei Mal auf dein Handy geschaut.

Oder mal ehrlich, wir sitzen alle auf der Toilette und checken Facebook, Instagram oder Mails. Noch vor ein paar Jahren hatte man in seinem Privatbad noch einen Zeitungsständer. Der zweitwichtigste Ständer für alle Männer in ihrem Leben. Es war auch immer interessant, was so die anderen lasen. Bei einigen waren echte Raritäten auf dem Klo zu finden. Alte Ausgaben von dem DDR MAGAZIN oder die neuste Ausgabe der FHM. Bei Martins Eltern zum Beispiel gab es immer „Forst und Jagd". Logisch, wenn man Förster ist. Bei meinem anderen guten Freund Florian, waren es Agra-Magazine. Machte auch Sinn, wollte er doch Bauer werden. Bei einigen Freunden wusste man auch schon vorher, dass es sich nicht lohnte, in den Zeitungständer zu greifen. Wer mag schon in einem Fachblatt für Zahnmedizin blättern und sich beim Kacken verfaulte Zähne und Parodontose im Endstadium anschauen. Heute ist das alles anders. Heute nimmt man sein Handy mit und liest seine Nachrichten. Postet sein Essen auf Instagram, was nun eigentlich gerade den Körper verlässt und hofft auf Likes.

In Schweden ließ ich einfach die Tür des Plumpsklos offen und genoss die Ruhe und die Aussicht. Das war zum Beispiel so ein kleiner Moment.

Ein anderer Moment, der kaum Erwähnung findet, ist der Moment kurz bevor man ein-

schläft. Ich mag diesen Moment. Er ist so friedlich. Meist schlief ich in den Schutzhütten am
Lagerfeuer. Ein leichtes Knistern war zu hören,
das Summen der Mücken und das Rauschen
des Windes. Zugegeben, als ich eine Woche
lang die Kidstruppe hatte, versuchte ich auch
drauf zu achten, dass keine verdächtigen Geräusche aus den Zelten kamen.

Wenn ich mal am Tage die Zeit dazu fand,
schrieb ich auch Postkarten. Oma und Opa
freuen sich immer, wenn Postkarten kommen.
War es doch die einzige Möglichkeit, auch mal
etwas von ihrem Enkel zu hören. In der Zeit
war es wie Früher. Dieses Früher, was man
immer verherrlicht in Erinnerung hat, wo alles
besser war, alles Schöner und wo es noch richtige Männer gab. Und solche echten Männer
schreiben dann Postkarten. Meine Großeltern
heben so was immer ein Jahr lang auf und geben dir dann deine Karten zurück. Das klingt
sehr eigen, hat aber den Vorteil, wenn du die
Karten aufhebst, dass du dir deine eigenen Zeilen immer wieder durchlesen kannst.

Auszug von der Postkarte:

PRIORITAIRE
1:a-klassbrev

Hallo Oma und Opa,

Euer Enkel ist mal wieder weg.
Bin nun schon seit 26 Tagen hier.
Kenne kein richtiges Klo mehr, kein
warm Wasser oder was ein richtiges
Bett ist, vermag ich auch nicht
mehr zu wissen. Doch ich finde es
schön so.
Zwar sind es nur 15 Grad aber das
ist OK.
Wenn ich wieder komme, erzähle ich
euch ganz viele Geschichten und zeige
euch Bilder.
Bis zu Omas Geb. am 12.8.
Hab euch lieb...

Euer Enkel Paul

Oma & Opa Rose

Haus Dampfgasse 15

Hinterhaus

1193 Björkstadt

den 2/8.12

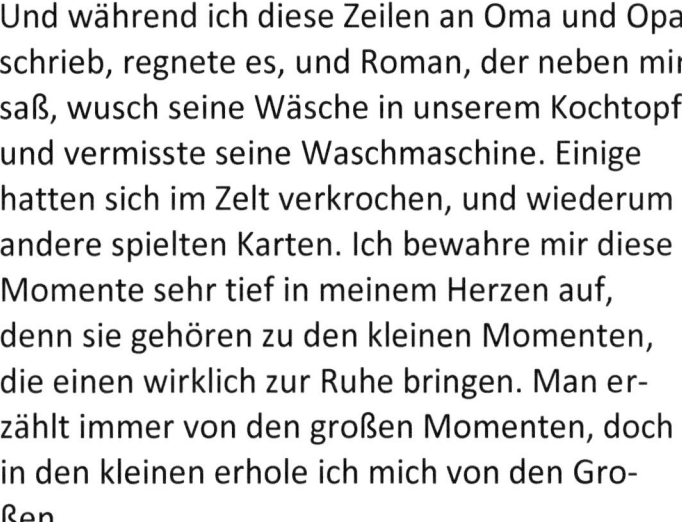

Und während ich diese Zeilen an Oma und Opa schrieb, regnete es, und Roman, der neben mir saß, wusch seine Wäsche in unserem Kochtopf und vermisste seine Waschmaschine. Einige hatten sich im Zelt verkrochen, und wiederum andere spielten Karten. Ich bewahre mir diese Momente sehr tief in meinem Herzen auf, denn sie gehören zu den kleinen Momenten, die einen wirklich zur Ruhe bringen. Man erzählt immer von den großen Momenten, doch in den kleinen erhole ich mich von den Großen.

Ein Sonnenstich kommt selten allein

Es war auf der Tour 2015 in Mecklenburg. Wir fuhren von Himmelfort los und waren eine sechs Personen starke Truppe. Fünf Männer und eine Dame. Steffen, Silvio, Basti teilten sich das Kanu mit dem Namen Franz. Fred, Janine und ich saßen im Fritz.

Am Abend vorher und zum Frühstück aßen auch alle das Gleiche. Ungefähr ab 11.00 Uhr machte mein Magen komische Geräusche und das mitten auf dem Stolpesee, also vielleicht knapp 6 Kilometer nach dem Start. Ich dachte, ich platze gleich. Ich musste so dringend aufs Klo, dass ich auf die linke Uferseite zu steuerte und dachte, ich schaffe es nicht mehr. Ich rannte los. Ohne Klopapier und nichts. Gott sei Dank hat Fred mitgedacht und mir welches hinterher getragen. Dafür durfte er einen zweifelhaften Anblick ertragen. Ich gehe nicht näher darauf ein, es sei nur so viel berichtet: Wer mal Magendarmprobleme hatte und nicht runter vom Klo runter kam, der weiß, was ich meine.

Ich zwang mich, nach dem ich 15 Minuten

über einem Loch im Wald gehockt und alles raus gelassen hatte bis nichts mehr ging, einfach weiter zu paddeln. Weit kamen wir nicht, denn dort, wo der Stolpesee oberhalb endet und man in die Havel einmünden muss, begann plötzlich Basti im Franz aus vollem Halse zu erbrechen, die Fische zu füttern oder schlicht zu kotzen. Was denn plötzlich los?! Allen anderen ging es doch gut. Mit insgesamt drei weiteren Stopps erreichten wir endlich den Wasserwanderrastplatz Fürstenberg. Basti sagte: „Paul, du gehst jetzt zur Apotheke, du und ich haben einen Sonnenstich!" Gesagt, getan. Während ich zur Apotheke stiefelte, bauten die anderen unser Lager auf und ließen den Tag Tag sein. Nach dem ich aus der Apotheke ein Mittel gegen flotten Otto gekauft, mir die Packungsbeilage gut durchgelesen und mich mit allen Risiken und Nebenwirkungen vertraut gemacht hatte, um die richtige Dosis heraus zu finden, schmiss ich mir einfach drei Tabletten ein. Basti sagte, ich solle mich mit Sonnenstich am Besten in den Schatten legen. Ohne Klamotten und den Körper richtig schön frieren lassen. Der Körper müsse jetzt reagieren. Er tat das Gleiche. Was haben wir beide gefroren. Fast 30 Grad im Schatten und alle schwitzen und sonnen sich. Nur zwei Menschen liegen im Schatten, bibbern, klappern mit den Zähnen und frieren. Aber haben wir daraus gelernt? Ich für meinen Teil nicht. Ich fahre trotzdem weiter ohne Kopfbedeckung rum. Nur die Anti-Dünnschiss-Tabletten sind immer mit am Start.

Aus dem Tagebuch eines Hundes

Es war irgendwie komisch. Herrchen faselte die ganze Zeit was von Urlaub und Kanutour und wurde immer aufgeregter. Er sagte auch was von Zelt und so. Ich wusste nicht, was das alles sein sollte (hatte ja eh keine Wahl) und tat so, als würde ich mich mit ihm freuen. Das mag er und ich bekomme ein extra Döschen Rinti… mhmm, mal sehen, ob noch was im Fressnapf ist…nein, na war ja klar! Irgendwann fuhren wir mit einem großen Seesack Richtung Grundstück. Unterwegs trafen wir noch Jan… Jan ist echt sexy. Also ich als Hundedame finde das schon. Aber er steht wohl nicht auf Küsschen, jedenfalls nicht von Hunden. Auf Männer auch nicht, jedenfalls haben sich Herrchen und er noch nie…egal. Auf dem Grundstück angekommen, setzten sie irgendein langes Ding in die Pfütze auf dem Feld nebenan rein. Man konnte in diesem Ding sitzen und mit Stöckern im Wasser rumstochern. Sah alles sehr komisch aus. Doch die beiden freuten sich, das ist die Hauptsache.

Am nächsten Morgen, nach vielem Herumgepacke, wurde ich dann wieder ins Auto gebeten samt dem Gepäck und wohl auch dem Kanu. So hieß das Ding wohl, wie ich später rausfand. Herrchen, Jan, Siggi und Daggi (Herrchens Eltern und beste Dosenöffner von Welt) halfen beim „Einladen", wie sie sagten. Obwohl Daggi mich spazieren führte. Ach ja, da war viel Wasser. Wollte gleich mal Baden gehen. Aber da waren die verrückten Beiden auch schon fertig, und es wurde gedrückt und Fotos gemacht. Ich sollte mich unten auf den Boden des Kanus legen, hab ich aber nie getan. Wollte ja auch was von der Welt sehen und von dieser Kanutour. Die werde ich mir doch nicht entgehen lassen.

So stocherten die Beiden wieder mit den komischen Stöckern im Wasser rum. Allerdings hätten sie sich das auch sparen können. Das Wasser war so schnell, dass wir genug Fahrt machten, ohne zu paddeln. Manchmal hielten wir an, und Jan schmierte sich irgendeine weiße Schmiere auf die Haut. Roch komisch. War aber lecker! Wir hielten dann noch an einem Strand. Da konnte ich endlich auch mal baden und buddeln. Jetzt wusste ich, was Urlaub ist...den ganzen Tag draußen sein und nur spielen. Toll. Warum ist Urlaub nur so kurz? Dann zogen sich die beiden aus und gingen auch baden. Über diesen Vorfall möchte ich nichts schreiben. Ich warte immer noch auf den Antwortbrief von WWF.

Irgendwann fuhren wir weiter. Legten erneut an und die beiden Helden wollten das Zelt aufbauen. Tja, da guckten sie dumm aus der Wäsche. Beim ganzen Planen und Packen haben die beiden die Heringe vergessen. Heringe? Was, wir hatten Fisch dabei? Und ich hab nichts abbekommen?

Die Tage waren fast immer gleich. Baden, bellen, mal ein Würstchen, dann wieder spielen, im Boot schlafen oder abends den Jungs das Zelt voll pupen.

Aber einmal, an einem anderen Ort, wurden wir von ganz vielen Menschen beobachtet, wie wir da so lang paddelten. Anscheinend können das nicht alle Menschen. Oder Herrchen und Jan besonders gut. Ich weiß es nicht. Aber doof haben sie geschaut und ausgerechnet so ein

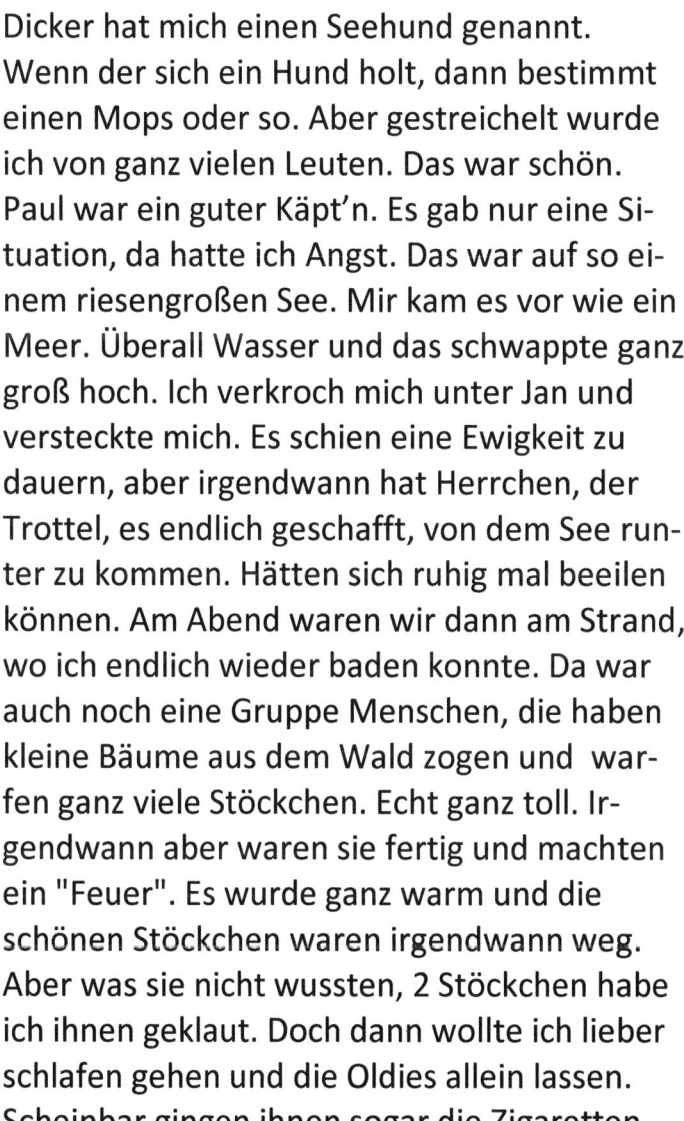

Dicker hat mich einen Seehund genannt.
Wenn der sich ein Hund holt, dann bestimmt
einen Mops oder so. Aber gestreichelt wurde
ich von ganz vielen Leuten. Das war schön.
Paul war ein guter Käpt'n. Es gab nur eine Situation, da hatte ich Angst. Das war auf so einem riesengroßen See. Mir kam es vor wie ein
Meer. Überall Wasser und das schwappte ganz
groß hoch. Ich verkroch mich unter Jan und
versteckte mich. Es schien eine Ewigkeit zu
dauern, aber irgendwann hat Herrchen, der
Trottel, es endlich geschafft, von dem See runter zu kommen. Hätten sich ruhig mal beeilen
können. Am Abend waren wir dann am Strand,
wo ich endlich wieder baden konnte. Da war
auch noch eine Gruppe Menschen, die haben
kleine Bäume aus dem Wald zogen und war-
fen ganz viele Stöckchen. Echt ganz toll. Irgendwann aber waren sie fertig und machten
ein "Feuer". Es wurde ganz warm und die
schönen Stöckchen waren irgendwann weg.
Aber was sie nicht wussten, 2 Stöckchen habe
ich ihnen geklaut. Doch dann wollte ich lieber
schlafen gehen und die Oldies allein lassen.
Scheinbar gingen ihnen sogar die Zigaretten

aus. Sie teilten sich so eine ganz lange, damit alle mitrauchen konnten. Der Tabak muss müde gemacht haben, denn wir haben mal lange geschlafen. Irgendwie war auch jeder Tag gleich. Man lernt viele Leute kennen, hat immer Auslauf und jeden Tag kann man baden. Also, das ist ein Vorteil. Ich hoffe, Herrchen macht so was wieder und nimmt mich wieder mit.

Ich glaube, ich habe mich gut verhalten. Auch hat er neulich wieder über so eine "Kanutour" gesprochen. Ich glaube, es geht bald wieder los.

P.S. Aber mal unter uns, in jedem Piratenfilm gibt es einen Affen, aber warum nicht mal einen Piratenhund.

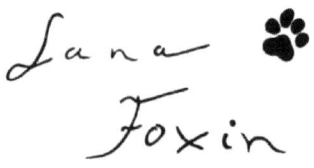

Käptn Fellnase erzählt weiter

Ja, der Knallkopf ist mir schon einer. Vor allem ist er mein Herrchen. Immer wieder geht es auf Kanutour. Und immer nimmt er mich mit. Zwar ist sexy Jan nicht mehr dabei, aber dafür kommen immer wieder neue lustige Gestalten mit. Ich erinnere mich daran, wie mein bester Freund Steffen mal dabei war. Steffen ist ein haariger Bär zum Kuscheln. Gut, Herrchen meckert immer rum, weil Steffen die Stöcker (man nennt die wohl Paddel) nicht richtig benutzt und sich lieber in der Gegend umschaut. Aber dann helfe ich ihm, springe auf seinen Schoß und er kann gar nicht mehr paddeln, weil er mich streicheln muss! Da sind dann auch Herrchens Hände gebunden.

Ich mag es, im Kanu zu liegen und mir die Welt anzuschauen. Nur wenn Wellen sind, bin ich immer ganz aufgeregt. Ich liebe Wellen! Ich muss dann in sie reinbeißen. Keine Ahnung, warum. Hinterfragt das bitte auch nicht, warum ein Hund in Wellen beißt. Menschen liegen nackt auf Sand oder gucken stundenlang auf einen Viereck, das grün ist und schreien

„Foul", „ Schieri, du Idiot" oder „das ist doch gekauft". Was ergibt das bitte für einen Sinn?! Genau, ich verstehe es auch nicht. Aber in Wellen beißen, das macht Spaß! An der Ostsee ist das Wasser salzig, da kribbelt es auf der Zunge. Nur macht da wiederum Ballspielen keinen Spaß, weil der Ball immer voller Sand ist.

Einmal auf einer Tagestour, wir waren mit Wölfchen unterwegs, bin ich einfach vom Kanu aus ins Wasser gesprungen. Es war aber auch eine zu schöne Welle. Die konnte ich doch nicht einfach vorbei ziehen lassen. In der Luft, nach dem ich aus dem Kanu gesprungen war, kamen mir noch kurz Bedenken. War das jetzt wirklich so gut? Platsch. Ich war klitschnass. Es war tiefer als ich dachte. Selbst meine Ohren wurden nass. Das mag ich ja gar nicht. Herrchen zog mich dann am Kragen wieder raus. Packte mich ins Boot und schimpfte, glaub ich, mit mir. Hab nicht wirklich was gehört, da die Ohren noch voller Wasser waren.
Irgendwie passiert mir das aber ständig. Ich schaffe es immer wieder, nass zu werden.

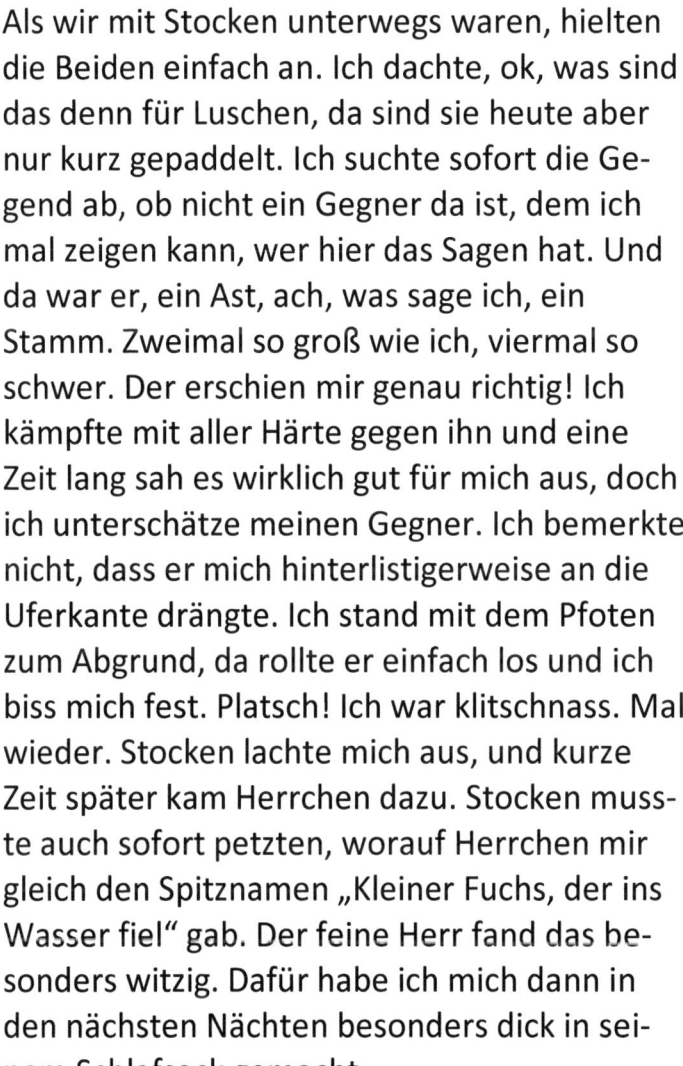

Als wir mit Stocken unterwegs waren, hielten die Beiden einfach an. Ich dachte, ok, was sind das denn für Luschen, da sind sie heute aber nur kurz gepaddelt. Ich suchte sofort die Gegend ab, ob nicht ein Gegner da ist, dem ich mal zeigen kann, wer hier das Sagen hat. Und da war er, ein Ast, ach, was sage ich, ein Stamm. Zweimal so groß wie ich, viermal so schwer. Der erschien mir genau richtig! Ich kämpfte mit aller Härte gegen ihn und eine Zeit lang sah es wirklich gut für mich aus, doch ich unterschätze meinen Gegner. Ich bemerkte nicht, dass er mich hinterlistigerweise an die Uferkante drängte. Ich stand mit dem Pfoten zum Abgrund, da rollte er einfach los und ich biss mich fest. Platsch! Ich war klitschnass. Mal wieder. Stocken lachte mich aus, und kurze Zeit später kam Herrchen dazu. Stocken musste auch sofort petzten, worauf Herrchen mir gleich den Spitznamen „Kleiner Fuchs, der ins Wasser fiel" gab. Der feine Herr fand das besonders witzig. Dafür habe ich mich dann in den nächsten Nächten besonders dick in seinem Schlafsack gemacht.

Als Käptn hätte ich zwar gern etwas mehr Komfort und Privatsphäre gehabt, doch die Zeiten sind wohl vorbei. Heutzutage liegt der Käptn beim Pöbel und den einfachen Dienstgraden

Euer Käptn Fellnase

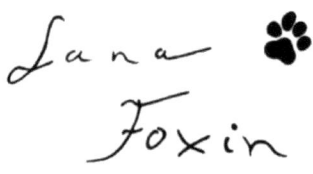

Nein, Torben Elias!

Tour ist immer was Tolles. Ganz egal ob nun Kanutour oder ob man mit der Band auf Tour ist.

In den letzten paar Jahren war ich auch ganz oft und viel mit einer Punkband unterwegs. Ich war dort Bassist und Sänger. Da erlebt man so einiges. Manches war traurig, manches war nur zum Lachen und manches möchte man lieber wieder vergessen.

Eine echt witzige Geschichte passierte auf meiner ersten Nightliner-Tour. Wir fuhren runter ins Ruhrgebiet und sollten dort in den Bus zusteigen. Da wir viel zu früh waren, nutzen wir die Zeit, um noch im örtlichen Lidl einzukaufen. So eine Tour braucht auch eine gewisse Nährstoffgrundlage.

Mit Alkohol bewaffnet, standen wir an der Kasse an. Der Kassiererin sah man an ihrem Blick an, dass sie den Job nicht aus Überzeugung machte und nur auf den Feierabend wartete. Wir standen alle in einer Reihe. Ich war der letzte von uns und hinter mir stand eine Frau. Beschreiben wir die Frau mal mit den

Worten klein, leidlich hübsch und stämmig. Sie trug Jogginghose und blickte sich immerzu nach hinten um. Ihr Sprössling schien nach dem Grundprinzip des „Freien Willens" erzogen worden zu sein. Damit sich das Kind frei entwickeln kann. Löblich! Das Kind trug auch Jogginghose und dazu noch ein Deutschland-Trikot von Schweinsteiger. Das Klischee konnte nicht mehr bedient werden.

Während die Ersten von unserer Truppe schon abkassiert wurden, entdeckte das Kind die gutplatzierte Eistruhe vor der Kasse links. Wie auf Kopfdruck schrie das Kind los. Plärrte und trampelte wild, warf mit den Armen um sich. Was es wollte, war klar. Ein Eis. Die Mutter wurde noch kleiner als sie von aus Natur war. Der Junge wurde lauter. Die Mutter beachtete ihn nicht. Unsere Aufmerksamkeit aber hatte er voll und ganz. Ich wurde mittlerweile selber abkassiert und der Junge realisierte, dass Mutti nun eigentlich schon zu weit war, als dass es mit dem Eis wirklich noch klappen könnte. Er zog den letzten Trumpf aus seinem Ärmel und schrie heiser seine Mutter an: „Warum denn nicht?", während ihm dicke Tränen über das knallrote Gesicht liefen. Daraufhin drehte die Mutter sich um, augenblicklich hörte der Junge auf und sah sie erwartungsvoll an, worauf sie sprach: „Nein, Torben-Elias! Wer zu Mutti Fotze sagt, bekommt kein Eis."

Pleiten, Pech und Zeitansage

Es war auf dem Weg nach Leipzig oder Chemnitz. Wir waren noch keine 100 Kilometer von Teterow gefahren, als unser Auto Lexy immer merkwürdigere Geräusche machte. Es waren Geräusche, wie wenn man mit einem Vorschlaghammer unten gegen das Auto schlagen würde. Markerschütternde Klänge, die wir alle nicht zuordnen konnten. Am Veranstaltungsort, wir waren froh, es bis dahin geschafft zu haben, stieg dann noch ein Freund einer anderen Band ein, um sich das Geräusch anzuhören und um uns zu sagen, ob wir damit noch nach Hause kommen würden. Die Aussage war: "Macht euch keine Sorgen, das ist nichts dolles... das schafft ihr!"

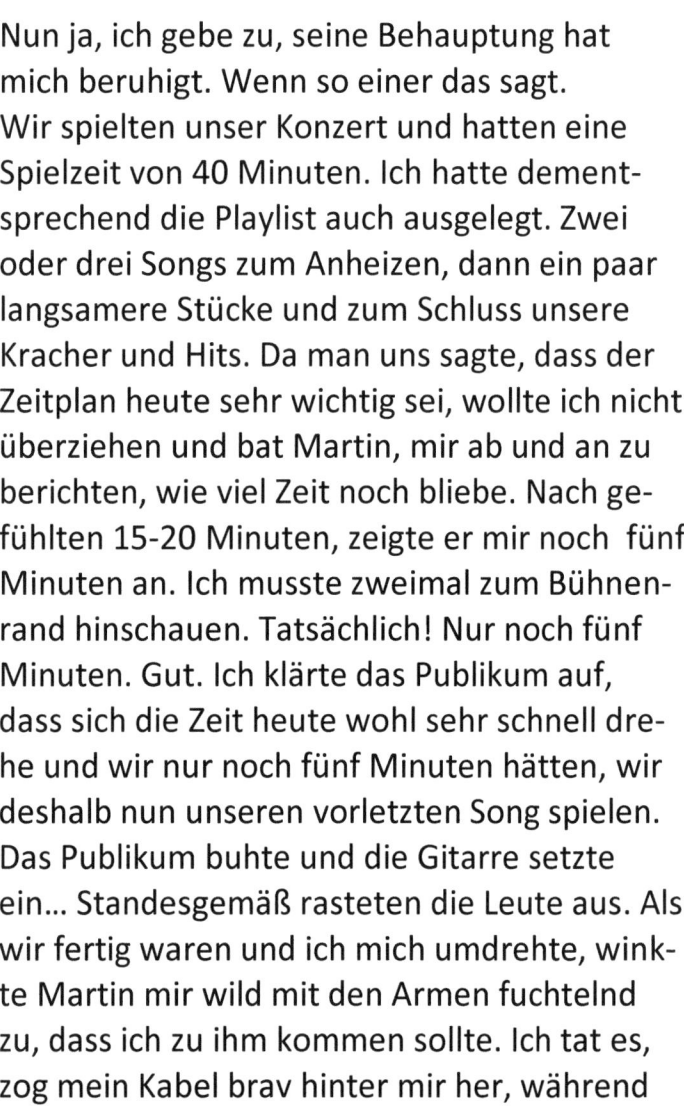

Nun ja, ich gebe zu, seine Behauptung hat mich beruhigt. Wenn so einer das sagt.

Wir spielten unser Konzert und hatten eine Spielzeit von 40 Minuten. Ich hatte dementsprechend die Playlist auch ausgelegt. Zwei oder drei Songs zum Anheizen, dann ein paar langsamere Stücke und zum Schluss unsere Kracher und Hits. Da man uns sagte, dass der Zeitplan heute sehr wichtig sei, wollte ich nicht überziehen und bat Martin, mir ab und an zu berichten, wie viel Zeit noch bliebe. Nach gefühlten 15-20 Minuten, zeigte er mir noch fünf Minuten an. Ich musste zweimal zum Bühnenrand hinschauen. Tatsächlich! Nur noch fünf Minuten. Gut. Ich klärte das Publikum auf, dass sich die Zeit heute wohl sehr schnell drehe und wir nur noch fünf Minuten hätten, wir deshalb nun unseren vorletzten Song spielen. Das Publikum buhte und die Gitarre setzte ein… Standesgemäß rasteten die Leute aus. Als wir fertig waren und ich mich umdrehte, winkte Martin mir wild mit den Armen fuchtelnd zu, dass ich zu ihm kommen sollte. Ich tat es, zog mein Kabel brav hinter mir her, während die anderen Beiden sich etwas die Kehle be-

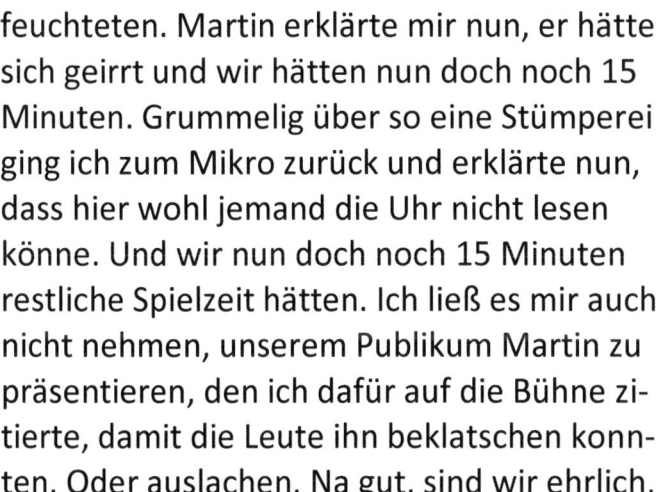

feuchteten. Martin erklärte mir nun, er hätte sich geirrt und wir hätten nun doch noch 15 Minuten. Grummelig über so eine Stümperei ging ich zum Mikro zurück und erklärte nun, dass hier wohl jemand die Uhr nicht lesen könne. Und wir nun doch noch 15 Minuten restliche Spielzeit hätten. Ich ließ es mir auch nicht nehmen, unserem Publikum Martin zu präsentieren, den ich dafür auf die Bühne zitierte, damit die Leute ihn beklatschen konnten. Oder auslachen. Na gut, sind wir ehrlich, es war ein Mix aus beidem.

Wir spielten das Konzert noch entspannt zu Ende, überzogen fünf Minuten, einfach weil wir es konnten, und beluden später zu zweit das Auto. Der Gitarrist war leider wie immer nicht in der Lage zu helfen, da sein Alkoholgenuss ihn daran hinderte. Aber das war ja immer der Fall. Wenig später machten wir uns auf den Rückweg.

Wir fuhren gerade an einer Baustelle vorbei, als ich mich daran erinnerte, wie wir eines anderen schönen Morgens mal mit Fred am Steuer nach Hause fuhren. Die Sonne ging gerade auf und irgendwie waren um uns keine

Autos mehr. Ich machte wie immer die Abrechnung und zählte das Geld, als plötzlich die Autobahn mit Straßenpollern gesperrt war. Fred bremste und ich schaute ihn fragend an. Hinter uns war noch ein anderes Auto. Der Rest der Autos fuhr auf der Gegenfahrbahn, wo für diese Baustelle eine Umleitung eingerichtet war. Wir jedoch befanden uns augenscheinlich schon auf der Baustelle selbst. Ich fragte Fred, warum wir nun hier seien, mitten auf der Autobahnbaustelle? Wir wussten auch nicht wirklich, wie man sich verhält. Denn es waren keine Zeichen für „Achtung Baustelle" zu sehen. Nur hier war Schluss. Der andere Fahrer kam nun auch zu uns, während der Rest im Bus schlief. Wir beschlossen, die Poller weg zu nehmen und einfach weiter zu fahren. Jede Baustelle endet ja irgendwann auch mal. Leider der Asphalt auch. Jedenfalls bei uns nach 500 Metern. So fuhren wir ruckelnd und polternd weiter. Immer mulmiger wurde uns. Die Abrechnung konnte ich erst mal vergessen. Irgendwann ganz plötzlich war der Asphalt wieder da und wir schlängelten uns zwischen den Pollern durch und waren wieder richtig.

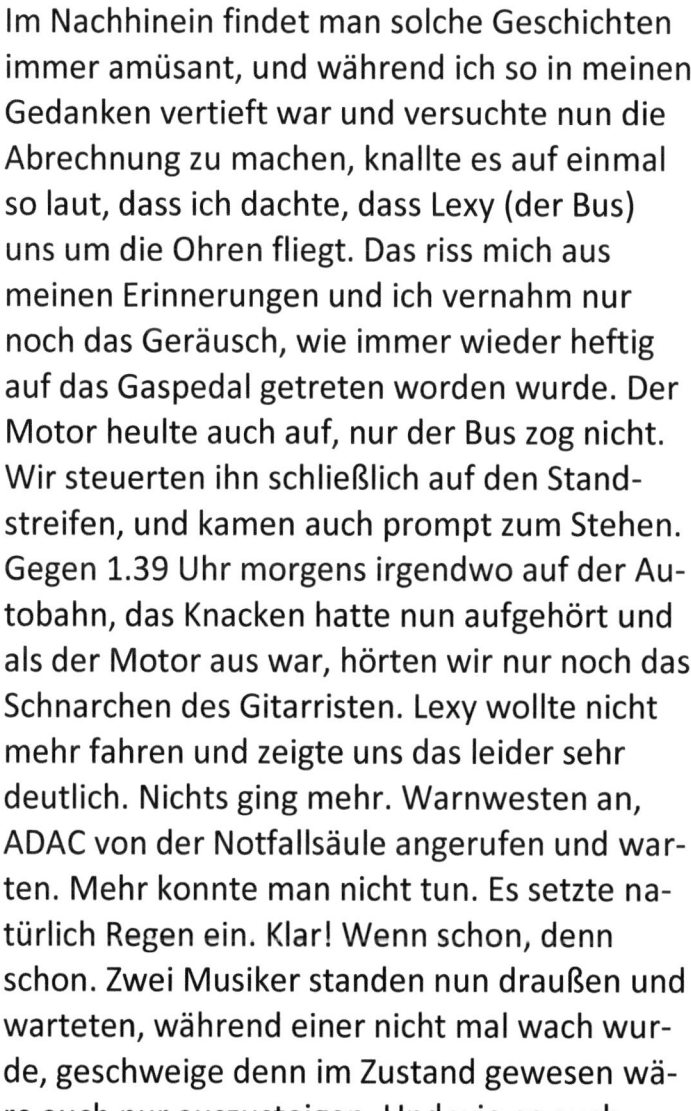

Im Nachhinein findet man solche Geschichten immer amüsant, und während ich so in meinen Gedanken vertieft war und versuchte nun die Abrechnung zu machen, knallte es auf einmal so laut, dass ich dachte, dass Lexy (der Bus) uns um die Ohren fliegt. Das riss mich aus meinen Erinnerungen und ich vernahm nur noch das Geräusch, wie immer wieder heftig auf das Gaspedal getreten worden wurde. Der Motor heulte auch auf, nur der Bus zog nicht. Wir steuerten ihn schließlich auf den Stand-streifen, und kamen auch prompt zum Stehen. Gegen 1.39 Uhr morgens irgendwo auf der Au-tobahn, das Knacken hatte nun aufgehört und als der Motor aus war, hörten wir nur noch das Schnarchen des Gitarristen. Lexy wollte nicht mehr fahren und zeigte uns das leider sehr deutlich. Nichts ging mehr. Warnwesten an, ADAC von der Notfallsäule angerufen und war-ten. Mehr konnte man nicht tun. Es setzte na-türlich Regen ein. Klar! Wenn schon, denn schon. Zwei Musiker standen nun draußen und warteten, während einer nicht mal wach wur-de, geschweige denn im Zustand gewesen wä-re auch nur auszusteigen. Und wie es auch immer sein muss, wenn man sie mal nicht braucht, ist die Polizei auch schon da. Typisch! Der Beamte stieg aus und leuchtete uns mit seiner tollen Taschenlampe direkt ins Gesicht. Herrlich. Die Autos, die die letzten zwei Stunden im Regen an uns vorbei gerauscht sind, unsere die Ohren, die uns davon dröhnten, und der Frust waren nicht genug. Nein, nun brannten uns auch noch die Augen. Ich hoffte, dass der Polizist nicht zum Bus laufen würde und wir ihn schnell abwimmeln konnten. Ich erklärte ihm kurz, dass alles super wäre (abgesehen von der Situation an sich) und dass der ADAC verständigt sei. Zwei oder drei unqualifizierte Fragen mussten wir noch über uns ergehen lassen. Dann kam zum Glück der Abschleppwagen an und hielt bei uns. Die Polizei zischte los und der freundliche ADAC-Mitarbeiter stieg aus. Seine Frage galt dem Mitgliedsausweis. Mhmmm, wo war der nochmal. Ach ja, in der Gürteltasche unseres komatösen Gitarristen. Erst da merkte Thomas, so hieß der ADAC-Mitarbeiter, dass es noch einen dritten gab.

Ich stieg nun nach hinten und beugte mich

über unseren Gitarristen und schüttelte ihn wach. Oder sagen wir, in einem halb-wachen Zustand. „ADAC-MITGLIEDSAUSWEIS", schrie ich ihm ins Gesicht. Daraufhin fummelte er an seiner Hose rum und zog sie mitsamt seines Schlüpfers (Marke Feinripp à la Liebestöter) runter. Sein Genital war nur knappe 30 Zentimeter entfernt. Konnte diese Nacht noch beschissener werden? Ich war bedient!

Als die Formalitäten geklärt waren, der Betrunkene ins ADAC-Auto geladen und der Bus aufgebockt war, ging es ganz schnell. Papiere ausfüllen, Kreditkarte, Mietauto besteigen und weiter fahren. Das Ganze mit knapp vier Stunden Verzug und der Gewissheit: "Erstens kommt es anders, und Zweitens als man denkt."

Quatsch, die Fließe sind doch nicht zu gefroren…

Es war im Februar 2017. Also noch gar nicht lange her. Ich feierte meinen Geburtstag im engen Freundeskreis in Birkholz. Abends wurde gegrillt und am nächsten Tag sollte es noch eine Kanutour geben. Nur so eine kleine. Von Schlepzig nach Groß Wasserburg. Ich muss jetzt mal ausholen: Vor einigen Monaten, ich glaube im Mai 2016, habe ich mir ein sehr ramponiertes Kanu gekauft. Meine Eltern holten es aus Hamburg, und ich reparierte, schliff und baute es nach meinem Wünschen um. Ich hatte noch nie zuvor mit 2-Komponenten-Harzkleber oder GFK-Material gearbeitet. Ich wusste nicht im Geringsten, was ich da eigentlich tat. Aber ich tat es. Dass man dann ausgerechnet die Jungfernfahrt auf den Februar im Spreewald legt, ist etwas gewagt. Aber es kam genauso. Heinzo, Martin und ich standen gut eingepackt und freudestrahlend am Hafen in Schlepzig. Der Schnee lag gut 15 Zentimeter geschlossen um uns rum und das Thermometer war knapp über 0°. Aber die Sonne schien, und es war eine klirrende, trockene Kälte. Wir ließen das Kanu zu Wasser. Das gute Stück hatte zudem noch gar keinen Namen. Normalerweise ziehe ich beim Kanufahren die Schuhe aus, auch die Rettungsweste habe ich eher selten an. An diesem Tag jedoch blieb beides am Körper. Selbst die Rettungsweste bot etwas Wärme. Heinzo stieg als erster ein, danach Martin und dann ich.

Als wir im Boot saßen, bemerkte Martin, dass sich der Kanuboden extrem bewegte und immer nach oben drückte. Ich schaute nun genauer hin und musste ihm zustimmen. Wir waren schon ein Stück gefahren, als ich ihnen erzählte, dass das Kanu Löcher gehabt habe, und ich hoffe, dass diese nun alle dicht seien. Auch, dass ich keine Ahnung habe, warum der Boden sich so biege. Ich versuchte, Martin zu beruhigen, dass das völlig normal sei. Doch mir selbst war gar nicht wohl dabei. Aber das konntc ich natürlich nicht sagen. Weit sollten wir eh nicht mehr kommen. Kaum hatten wir Schlepzig hinter uns gelassen, sagte Heinzo auf einmal: "Eisdecke voraus"! Er betonte es extra so, wie bei dem Film *Titanic*. Ich glaube ja bis

heute, dass niemals jemand auf dem Achter-
deck stand und „EISBERG VORAUS!" schrie.
Bestimmt lief es so ab: Der leicht durchgefro-
rene Maat stand entspannt vorne am Bug,
endlich waren Kate und Leo weggegangen und
er konnte eine rauchen. Als er gerade seine
Brille nach dem Putzen wieder aufsetzte, fiel
ihm ein kleiner Eisberg auf, der ihn eher an
Zuckerwatte erinnerte. Da der Maat sich schon
am Vormittag vom Kapitän einen Anschiss holen musste, dachte er bei sich"... nee Leute...
ick sach nüscht... am Ende ist das ne kleene
Eisscholle und icke krieg wieder Ärger, weil ich
son Radau mache." Das Ende kennen wir ja
alle!
Zurück zum Spreewald. Gewiss war hier das
Ufer dichter dran, jedoch mit einer geschlossenen Eisdecke hatte ich freilich nicht gerechnet. Es hatte auch den Anschein, dass das Eis
nur ca. 40 Meter vor uns gefroren war, und
man danach problemlos weiter paddeln könne. Also versuchte Heinzo mit dem Paddel, das
Eis vor unserem Bug zu zerschlagen. Stück für
Stück. Die Eisdecke war dicker als gedacht, und
immer wenn er 40 Zentimeter geschafft hatte,

paddelten wir etwas vorwärts. Jedoch meist zu viel. So dass wir mit dem Bug das Eis rammten und uns mulmig wurde, ob uns vielleicht das Eis den Bootskörper zerschneiden würde. Heinzo schwitzte, während Martin und ich froren. Nach etwa 15 Metern brachen wir den Versuch ab, uns weiter durch das Eis zu hacken. Das Paddel sah auch aus, als hätte man es auf Stahlbeton entlang geschliffen. Wir fuhren nun durch unsere selbst gehackte Eisrinne zurück und zerkratzten nun auch noch das Heck. Ich hörte nun noch das Kanu stöhnen. Oder war ich es?

Wir fuhren stattdessen einen großen Bogen um Schlepzig und gelangten so weiter. Ans Abbrechen dachte keiner von uns. Die erste Schleuse kam, und wie es im Winter üblich ist, werden die Schleusen geschlossen. Der Frost und die Kälte, würden einen zu großen Schaden anrichten. So mussten wir raus, das Kanu umtragen, wieder rein und weiter ging die fröhliche Fahrt. Wir beachteten einfach nicht mehr, dass der Boden sich gefährlich bewegte, oder dass eins unser Paddel fast doppelt so schwer war. Heinzos Paddel saugte sich ge-

nüsslich mit Wasser voll. Die Lackschicht war
bei der Eis-Aktion sehr kaputt gegangen. Wir
fuhren durch die Fließe, erfreuten uns an dem
menschenleeren Unterspreewald und wähn-
ten uns schon fast in Groß Wasserburg, als
plötzlich ein Baum quer über dem Fließ lag. Es
ging weder drüber, noch an einer Stelle drunter durch. Nichts zu machen. Wir mussten uns
eine Stelle suchen, um das Kanu über Land um
den Baum zu tragen. Dies gestaltete sich sehr
schwer. Leider war die Stelle so ungeeignet,
dass wir unsere Schuhe ausziehen mussten,
die Hosenbeine hochgerollt wurden, und wir
erst mal ins Wasser stiegen. War das kalt! Wir
beeilten uns, das Kanu rüber zu tragen. Damit
es schneller ging, ließen wir die Schuhe und
Socken aus. Das Kanu wurde rüber getragen,
ins Wasser gelassen, die Schuhe wieder angezogen und erst mal ein Schluck Tee mit Schuss
aus der Kanne getrunken. Mittlerweile verließ
uns auch das Sonnenglück und es wurde nass-
kalt. Also so richtig, dass es in die Knochen zog.
Mein Vater holte uns dann auch zeitnah in
Groß Wasserburg ab. Kaum waren wir Zuhau-
se, streckten wir unsere Füße in Richtung Ka-

min. Falls mich noch mal jemand fragt: „Na, bekommst Du kalte Füße?", so werde ich immer an diesen Moment denken!

Mit Gott auf unserer Seite

Edersee 2016. Ich biete ja auch meine Erfahrung als Scout und Tourguide nicht nur für Urlaube, sondern auch für Kindergruppen und Seminarfahrten an. Ein Highlight jedes Jahr ist das Konficamp am Edersee. Die Arbeit mit den Kindern macht mir immer viel Spaß. Man sieht, dass man die Jugend doch erreicht und in ihnen auch was bewegen kann. Dort erhole ich mich immer von den ganzen „Bild"-Erschreckungsmeldungen über unsere Jugend und Zukunft. Klar ist so eine Konfirmandenfreizeit chaotisch und laut. Es sind Kinder. Aber selten sah ich so viel Liebe und Hingabe von beiden Seiten, Betreuern und Kindern, für die gemeinsame Sache.

Ich schweife ab. Ich war dort 2016 das zweite Mal. Da der Edersee ein Stausee ist, kann man nie so genau wissen, wie viel Wasser er hat. 2015 war es so schlimm, dass wir erst mal auf dem Grund des Sees laufen mussten. Halb versunken, bis zu den Knien im stinkendem Modder, um unsere Kanus zu dem kleinen Rinnsal zu bringen, das in der Mitte noch floss. Ich er-

innere mich noch, eines der Kids hatte bei meiner Einweisung nicht genau zugehört und nicht mit bekommen, dass ich sagte: „Wir ziehen unsere Schuhe aus, tragen die Boote bis zum Wasser und legen die Schuhe dann rein." Er behielt sie an und konnte die Schuhe anschließend wegwerfen. Dieser Ederseegrundschlamm ist scheinbar wirklich teuflisch. Was wurde geschrien und gequiekt. Gemeinsam mit Timo, einem anderen Betreuer, versuchte ich den Kinder zu erzählen, dass der Schlamm gut für die Haut sei.

Man muss es nur richtig verkaufen!

Die Nachmittage hatten wir (Timo und ich) immer frei. Am Montagnachmittag auf dem Flur vor dem Speisesaal fragte mich ein Mädchen, ob ich eigentlich getauft sei. Wie gesagt das Thema Konfirmation ist bei einem Konficamp schon allgegenwärtig. Ich verneinte diese Frage. Woraufhin ich mit großen Augen bedacht wurde.

Franzi, angehende Pastorin, bekam das Gespräch mit und meinte: „Ach, kein Problem Paul, dich taufen wir einfach mit!" Doch ganz so einfach war es nicht. Eine Taufe hat auch was mit einer Gemeinschaft zu tun. Einer dazugehörigen Gemeinde. Doch ich fand, es wäre nun an der Zeit mich mit dem allem einmal bewusst auseinanderzusetzten. In einem Gespräch mit Franzi, kam sie dann irgendwann auf die Idee: „Taufen geht nicht, aber segnen geht!" Daraufhin meinte ich: „Aber wenn, dann im Kanu mit Ederseewasser." Gesagt, getan. Franzi schaufelte sich etwas Zeit für den Dienstagnachmittag frei, und wir schnappten uns ein Kanu. Der See hatte 2016 zum Glück kein Niedrigwasser, sondern war sehr gut gefüllt. Vorbildlich legten wir die Schwimmwesten an, nur um sie außer Sichtweite des Camps wieder auszuziehen. Die Sonne schien und es war viel Betrieb auf dem See. Überall waren erholungsuchende Menschen unterwegs. Ob am Ufer zu Fuß, auf dem Fahrrad oder auf dem Wasser beim Angeln oder Segeln. Es war etwas mehr Wind als sonst, aber Franzi und ich paddelten zügig die drei Kilometer bis in eine kleine Bucht. Sie hatte extra eine wasserfeste Bibel mitgenommen. Die Koordinaten sind 51°10´10.6"N8°58´12.2" E oder schlicht die Ederseebucht namens Banfer-Bach.

Nachdem Franzi und ich ein paar Angler aufgescheucht und ihre Fische mit unserem Lachen verscheucht hatten, drehte sie sich zu mir um und ich hörte ihr zu.

Selbst die Vögel und der Wind schienen ihr zu lauschen, denn es war plötzlich sehr ruhig und der Wind hatte sich gelegt. Sie schlug die Bibel auf und blätterte nach dem Psalm, den sie sich für mich ausgesucht hatte.

Markusevangelium Kapitel 4, Vers 35–41: Die Stillung des Sturmes
Und am Abend desselben Tages sprach er zu ihnen: Lasst uns hinüberfahren. Und sie ließen das Volk gehen und nahmen ihn mit, wie er im Boot war, und es waren noch andere Boote bei ihm. Und es erhob sich ein großer Windwirbel und die Wellen schlugen in das Boot, sodass das Boot schon voll wurde. Und er war hinten im Boot und schlief auf einem Kissen. Und sie weckten ihn auf und sprachen zu ihm: Meister, fragst du nichts danach, dass wir umkommen? Und er stand auf und bedrohte den Wind und sprach zu dem Meer: Schweig und verstumme!

*Und der Wind legte sich und es entstand eine
große Stille. Und er sprach zu ihnen: Was seid
ihr so furchtsam? Habt ihr noch keinen Glauben?Sie aber fürchteten sich sehr und sprachen
untereinander: Wer ist der? Auch Wind und
Meer sind ihm gehorsam.*

Während ich im Kanu saß und ihren Worten
lauschte, fühlte ich mich wohl und entspannt.
Schließlich kniete ich mich auf den Kanuboden.
Franzi nahm mit ihrer Hand Ederseewasser
und segnete mich. So wie es sich für einen
Knallkopf gehöre: In einem Kanu auf dem
Edersee. Diesen Moment und diesen Ort wer-
de ich nicht vergessen.

Kurz darauf frischte der Wind wieder auf und
alle Vögel waren plötzlich so laut, als wollten
sie mir gratulieren. War es Einbildung, war es
der Glaube?!

Aber es war sehr schön und seit diesem Tage
bin ich gesegnet. Ein Umstand, der mich etwas
ruhiger werden ließ.

Vielen Dank, Franzi.

Im Kanu sitze ich immer barfuß

2008 wollte ich mal wieder Kanu fahren. Aber auch nach Schweden reisen. Also warum nicht beides verbinden. Wir, Kira und ich, fuhren ca. 18 Stunden mit dem Bus. Hätte ich gewusst, wie der Urlaub endet, wäre ich zu Hause geblieben. Ich zerriss mir meine einzige Hose noch auf der Hinfahrt im Bus. Ich ging auch nur von gutem Wetter aus. Dass es in Schweden auch mal regnet, sollte ich noch zu spüren bekommen. Ich erinnere mich noch, dass der erste Tag toll war. Sonnenschein, Mücken und unberührte Natur. Das Gefühl von Urlaub machte sich sehr schnell in uns breit. Schon bei der ersten Umtragestelle trafen wir auf 2 Mädels, die auch auf eigene Faust den Tidan erkunden wollten. Was man aber niemals in einer Reisebroschüre finden wird, ist das unangenehme Umtragen mit einem vollen Kanu. Man denkt da auch nicht dran. So standen nun vier Jugendliche irgendwo in Schweden an einer Straße, die sie überqueren mussten. Wir merkten schnell, dass das Umsetzen zu viert

sehr viel zügiger ging, als jedes Team für sich,
deshalb halfen wir uns gegenseitig und
freundeten uns an.

Abends kochten wir zusammen und machten
ein kleines Feuer. Das war ein schöner Abend.
Der Tag darauf war eher das komplette Gegenteil. Es war grau! Ich hatte noch nie so viele
verschiedene Grautöne am Himmel gesehen.
Der Wind blies und fegte über das Wasser.
Und die nächsten drei Tage sollte das Wetter
auch nicht besser werden. Während ich mich
dazu entschloss, dem Wetter nichts mehr als
Verachtung entgegen zu bringen, entschied
Kira, sich warm einzupacken. So warm und
trocken wie es nur ging. Das wäre uns fast zum
Verhängnis geworden.

Jedes Mal, wenn der Fluss lauter und schneller
wurde, wuchs in mir eine Art Panik. Denn das
Geräusch bedeutet meist Steine, Stromschnellen und Kentergefahr. Ich saß also hinten im
Kanu, barfuß und in leichte Panik versetzt, als
ich die Stromschnellen mit Steinen und Geröll
etwa 20 Meter vor uns entdeckte. Schnell
schaute ich, wo das Wasser uns die Möglich-

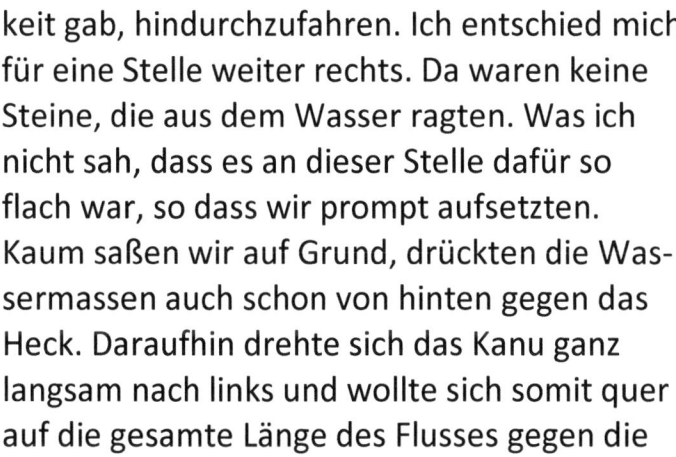

keit gab, hindurchzufahren. Ich entschied mich
für eine Stelle weiter rechts. Da waren keine
Steine, die aus dem Wasser ragten. Was ich
nicht sah, dass es an dieser Stelle dafür so
flach war, so dass wir prompt aufsetzten.
Kaum saßen wir auf Grund, drückten die Wassermassen auch schon von hinten gegen das
Heck. Daraufhin drehte sich das Kanu ganz
langsam nach links und wollte sich somit quer
auf die gesamte Länge des Flusses gegen die
Wassermassen stellen.

Wir mussten sofort leichter werden, um von
dem Fleck wegzukommen. Sonst würden uns
die Wassermassen einfach umstoßen und alles
wegspülen. Geistesgegenwärtig stieg ich aus.
Man war das Wasser kalt. Verdammt kalt! Das
Kanu machte eine Bewegung und ich versuch-
te es noch anzuheben. Der Erfolg blieb nicht
aus. Wir saßen nun komplett vorne auf Grund.
Man muss sich nun folgendes Bild vorstellen:
Ein Kanu im Wasser zwischen Steinen auf
Grund liegend. Ein Mann am Ende des Kanus,
barfuß im Wasser breitbeinig stehend, der das
Kanu zwischen den Beinen hat und rumbrüllt.
Ja, ich brüllte!

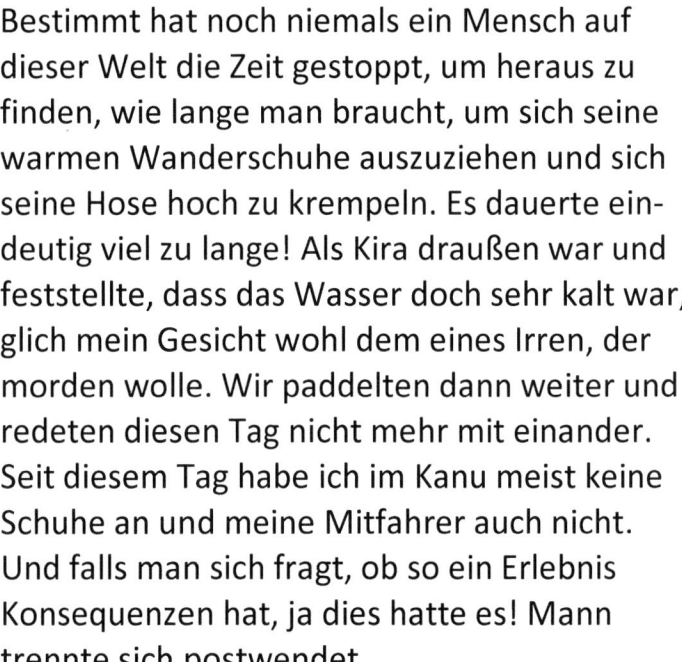

Bestimmt hat noch niemals ein Mensch auf dieser Welt die Zeit gestoppt, um heraus zu finden, wie lange man braucht, um sich seine warmen Wanderschuhe auszuziehen und sich seine Hose hoch zu krempeln. Es dauerte eindeutig viel zu lange! Als Kira draußen war und feststellte, dass das Wasser doch sehr kalt war, glich mein Gesicht wohl dem eines Irren, der morden wolle. Wir paddelten dann weiter und redeten diesen Tag nicht mehr mit einander. Seit diesem Tag habe ich im Kanu meist keine Schuhe an und meine Mitfahrer auch nicht. Und falls man sich fragt, ob so ein Erlebnis Konsequenzen hat, ja dies hatte es! Mann trennte sich postwendet.

Warum einfach

An einem anderen Tag. Wir fuhren mal wieder mit den beiden anderen Mädels umher und kamen an einer Stelle an, wo eine massive Tanne sich komplett über den Fluss gelegt hatte. Wie bei *Dirty Dancing*. Doch lag der Baumstamm so ungünstig (etwa einen halben Meter über dem Wasser), dass man weder drüber noch drunter durchfahren konnte. Wir machten die Boote fest und luden alles am linken Ufer vor dem Baum aus, stellten unser Gepäck in den Wald und trugen die 2 Kanus um den Baumstamm. Diese ganze Aktion hatte uns 2 Stunden gekostet. Am Abend trafen wir Bernhard. Einen Kanupaddler, der alleine unterwegs war, und den wir meist nur auf den Rastplätzen sahen. Ich fragte ihn, wie er es allein geschafft hätte, diesen Baum zu meistern. Er erzählte mir, dass er ganz einfach die schwere Futtertonne ausgepackt hätte, damit das Kanu leichter wird, sich dann flach auf den Kanuboden gelegt hätte, um sich dann unter dem Baum durchzuquetschen und sich besser runterdrücken zu können. Dann hätte er seine

Tonne wieder eingeladen und wäre weiter gefahren. Das Ganze hatte wohl nur 10 Minuten
gedauert. Ich schäme mich noch heute für unser völliges Versagen. Obwohl ich mich heute
gerne an diese Geschichte zurück erinnere.

Das Recht auf unserer Seite

Zwei bis drei Jahre später, oder waren es sogar vier, sollte ich mich erneut nach Schweden begeben, um Kanu zu fahren. Ich hatte mich an die schönen Momente von dieser Kanutour erinnert und vergessen, dass es meist geregnet hatte, dass mir ständig kalt war und ich eigentlich doch recht froh war, wieder zu Hause zu sein. Wie gesagt, 2012 wurde ich dann Kanuscout in Dalsland. Aus dieser Zeit nun weitere kurze Geschichten.

Wer jemals im Dano-Gebiet Dalsland unterwegs war, kennt diese Schutzhütten und Rastplätze. Manchmal sind sie auf kleinen Inseln eingerichtet oder am Rand der Seen. Nun sollte man wissen, dass die beiden Rastplätze 71 und 72 im „Le Long" so dicht nebeneinander liegen, dass man quasi rüber rufen kann, ob denn schon das Essen fertig ist. Es war mit meiner letzten Reisegruppe 2012. Mit 17 Personen war es meine größte Gruppe und so richtig wollte sich kein echtes Gruppengefühl

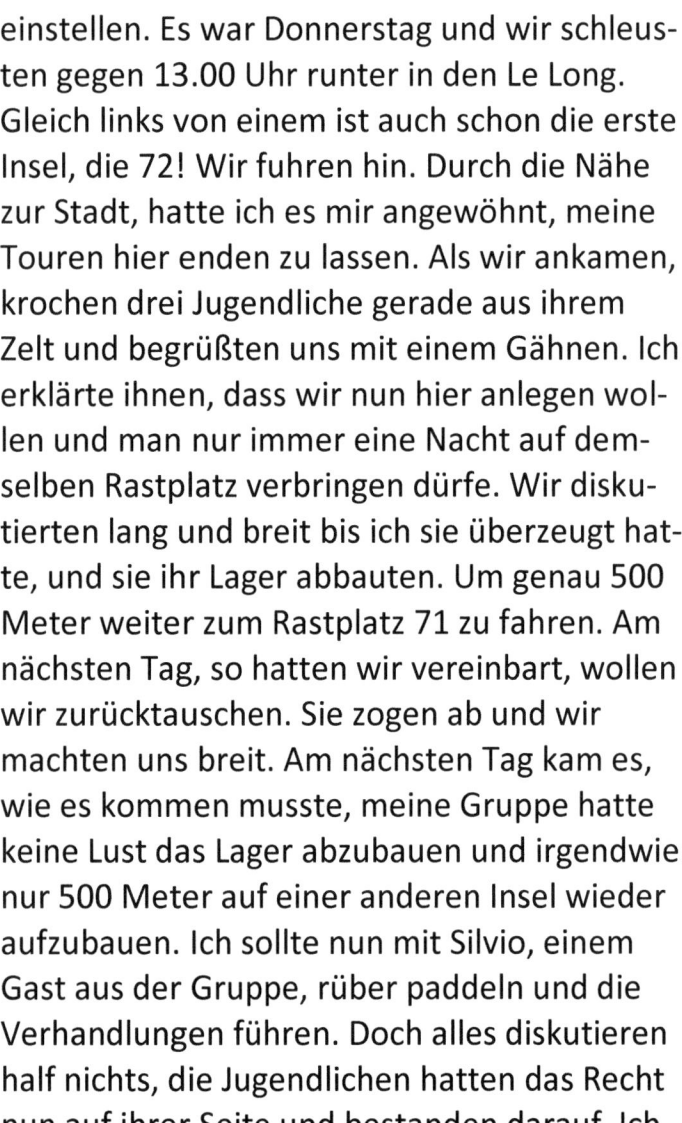

einstellen. Es war Donnerstag und wir schleusten gegen 13.00 Uhr runter in den Le Long. Gleich links von einem ist auch schon die erste Insel, die 72! Wir fuhren hin. Durch die Nähe zur Stadt, hatte ich es mir angewöhnt, meine Touren hier enden zu lassen. Als wir ankamen, krochen drei Jugendliche gerade aus ihrem Zelt und begrüßten uns mit einem Gähnen. Ich erklärte ihnen, dass wir nun hier anlegen wollen und man nur immer eine Nacht auf demselben Rastplatz verbringen dürfe. Wir diskutierten lang und breit bis ich sie überzeugt hatte, und sie ihr Lager abbauten. Um genau 500 Meter weiter zum Rastplatz 71 zu fahren. Am nächsten Tag, so hatten wir vereinbart, wollen wir zurücktauschen. Sie zogen ab und wir machten uns breit. Am nächsten Tag kam es, wie es kommen musste, meine Gruppe hatte keine Lust das Lager abzubauen und irgendwie nur 500 Meter auf einer anderen Insel wieder aufzubauen. Ich sollte nun mit Silvio, einem Gast aus der Gruppe, rüber paddeln und die Verhandlungen führen. Doch alles diskutieren half nichts, die Jugendlichen hatten das Recht nun auf ihrer Seite und bestanden darauf. Ich

hatte dann noch vereinbart, dass am Ende, damit nicht irgendwer ohne Rastplatz da stünde, zuerst vier Boote rüber kommen, um die 71 zu besetzten und dann die drei Jugendlichen rüber zur 72 fahren, um von uns sozusagen den Rastplatz übernehmen. Dieser Vorschlag war sehr gut, denn genau in dem Moment, als wir mit den ersten vier Booten ankamen und die Drei los paddeln wollten, kamen von der Schleuse 12 Boote an und steuerten auf die Insel 72 zu. Doch meine restliche Truppe hatte ihre Aufgaben gut gemacht. Ich hatte alles schon einpacken und in den Kanus verstauen lassen, so dass es den Anschein erweckte, dass wir just in dem Moment dort anlegen wollten. Sie sollten auch wie gesagt erst nachkommen, wenn die drei Jugendlichen angekommen waren. So tauschten wir die Inseln einfach und jeder war glücklich. Bis auf die Gruppe mit den 12 Booten, die waren sauer!

"Schweden, ich vermisse Dich!"

Gruppen sind was Tolles

Naja oder sagen wir, was Interessantes. Ich kann mich erinnern, dass ich solche und solche Gruppen kennengelernt habe. Solche, bei denen es läuft, weil der Gruppenleiter ein fairer, aber konsequenter Knochen war. Oder solche, wo meistens die Eltern dabei waren und es eher Stress für sie und alle anderen bedeutet. Solche Abende sind auch nicht schön. Sowas braucht man nicht auf dem Rastplatz. Ich habe da genügend Erfahrung gesammelt. Mit Kindern ist das ein schwerer Grad. Aber wenn man es richtig macht, ist es total schön. Einmal bei der Kids-Truppe in Schweden weiß ich noch, dass Hansi (Hansi wollte später mal Rapper werden) seine Wäscheleine gut auf Brusthöhe zwischen zwei Bäume gespannt hatte. Ich war auch positiv beeindruckt. Ich lobte Hansi, bat ihn jedoch, die Wäscheleine woanders hin zu hängen, da nun der einzige Weg zum Wasser (somit auch Trinkwasser) nun durch diese Leine etwas versperrt werden würde. Er versprach es. Ich verließ mich auf sein Wort, und wie es kommen musste, ich wollte abends Wasser holen, um nochmal Eistee anzurühren, sah im Halbdunkeln die Wäscheleine nicht und, zack, würgte sie mir schön den Hals.

Ich möchte betonen, dass ich das nicht schön fand! Ich rief nach Hansi und fragte: „Wie viel ist dein Wort wert?" Nebenbei zückte ich mein Messer und schnitt eiskalt lächelnd seine Wäscheleine durch.

Er schrie mich an: „Ahhh, bitte nicht, das ist die Wäscheleine meiner Mutti, was soll ich der denn jetzt erzählen?" Daraufhin meinte ich nur mit sanfter Stimme: „Erzähl ihr die Wahrheit, dass Du dein Wort nicht gehalten hast, nicht gehört hast und sie einen riesen Gewinn gemacht hat, statt einer Wäscheleine, hat sie nun zwei!" Danach sprachen wir kein Wort mehr davon. Es war geklärt. Als ich später die Truppe abgab, sprach man mir sogar ein Lob aus, dass dies die einzige Truppe war, die sich so leise und ruhig im Camp verhalten habe. Dass es leider auch anders geht, sehe ich allerdings auch sehr häufig. Ich sehe Gruppen und ganz oft fehlt einfach der Kapitän. Sind wir mal ehrlich. Auf einem Kreuzfahrtdampfer arbeiten

Hunderte von Menschen zusammen. Manchmal bis zu 40 Religionen. Männer und Frauen. Und es funktioniert. Das kann ja nicht nur an dem vielen Wasser, das um sie herum ist, liegen. Es ist eine gewisse Hierarchie. Sehr deutlich fiel mir das 2016 in der Neubrücker Schleuse auf.

Wir kamen dort nach einem Wahnsinnspaddelmarathon an.

Ich muss weiter ausholen. Silvio, Basti, Heinzo und ich starteten gut gelaunt in Werder an der Spree. Geplant waren heute nur 26 Kilometer bis Kummerow. Alles lief wie am Schnürchen. Kurz vor Kummerow legten wir an der Fähre an und aßen noch Pommes. Da kam mir die fixe Idee, dass wir heute ja auch schon bis Neubrück durchpaddeln könnten. Das seien ja von hier aus nur noch 15 Kilometer. Das schaffen wir locker. Der Sinn dahinter war der, dass dann Basti schon gleich früh wieder nach Hause fahren konnte, während wir zu dritt weiter paddelten. Das kam Basti sehr gelegen und uns machte es nichts aus. Der kleine Regenschauer, den wir unter einer Brücke abwarteten, kostete zwar etwas Zeit, war aber ok. Die Mü-

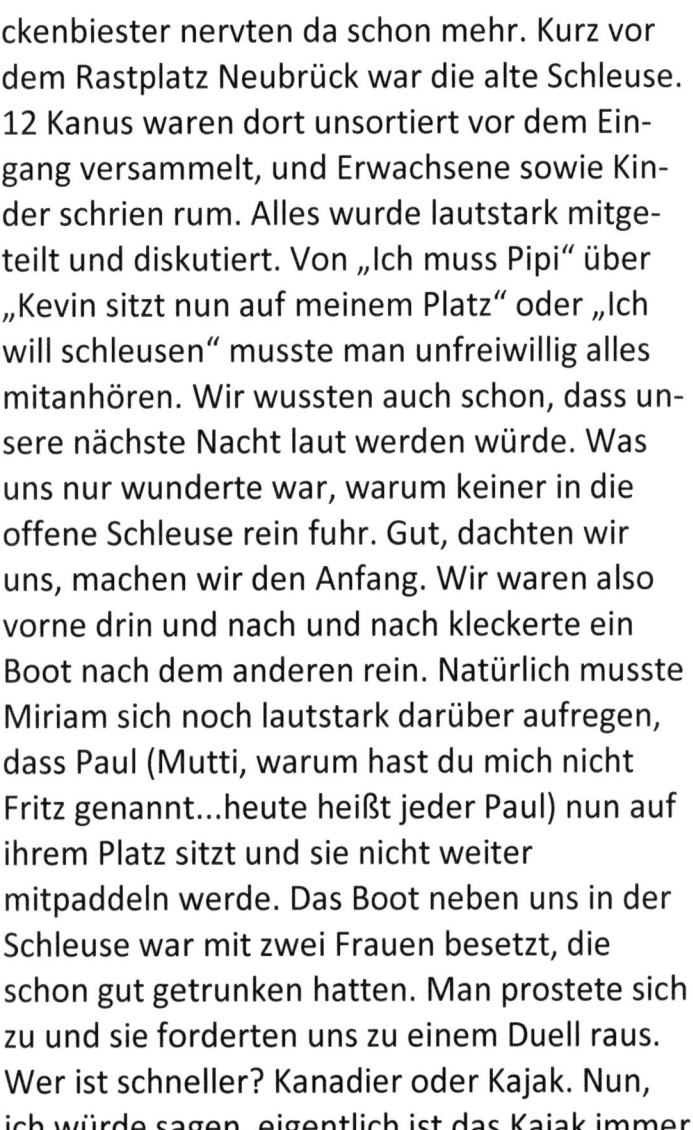

ckenbiester nervten da schon mehr. Kurz vor
dem Rastplatz Neubrück war die alte Schleuse.
12 Kanus waren dort unsortiert vor dem Ein-
gang versammelt, und Erwachsene sowie Kinder schrien rum. Alles wurde lautstark mitge-
teilt und diskutiert. Von „Ich muss Pipi" über
„Kevin sitzt nun auf meinem Platz" oder „Ich
will schleusen" musste man unfreiwillig alles
mitanhören. Wir wussten auch schon, dass unsere nächste Nacht laut werden würde. Was
uns nur wunderte war, warum keiner in die
offene Schleuse rein fuhr. Gut, dachten wir
uns, machen wir den Anfang. Wir waren also
vorne drin und nach und nach kleckerte ein
Boot nach dem anderen rein. Natürlich musste
Miriam sich noch lautstark darüber aufregen,
dass Paul (Mutti, warum hast du mich nicht
Fritz genannt...heute heißt jeder Paul) nun auf
ihrem Platz sitzt und sie nicht weiter
mitpaddeln werde. Das Boot neben uns in der
Schleuse war mit zwei Frauen besetzt, die
schon gut getrunken hatten. Man prostete sich
zu und sie forderten uns zu einem Duell raus.
Wer ist schneller? Kanadier oder Kajak. Nun,
ich würde sagen, eigentlich ist das Kajak immer

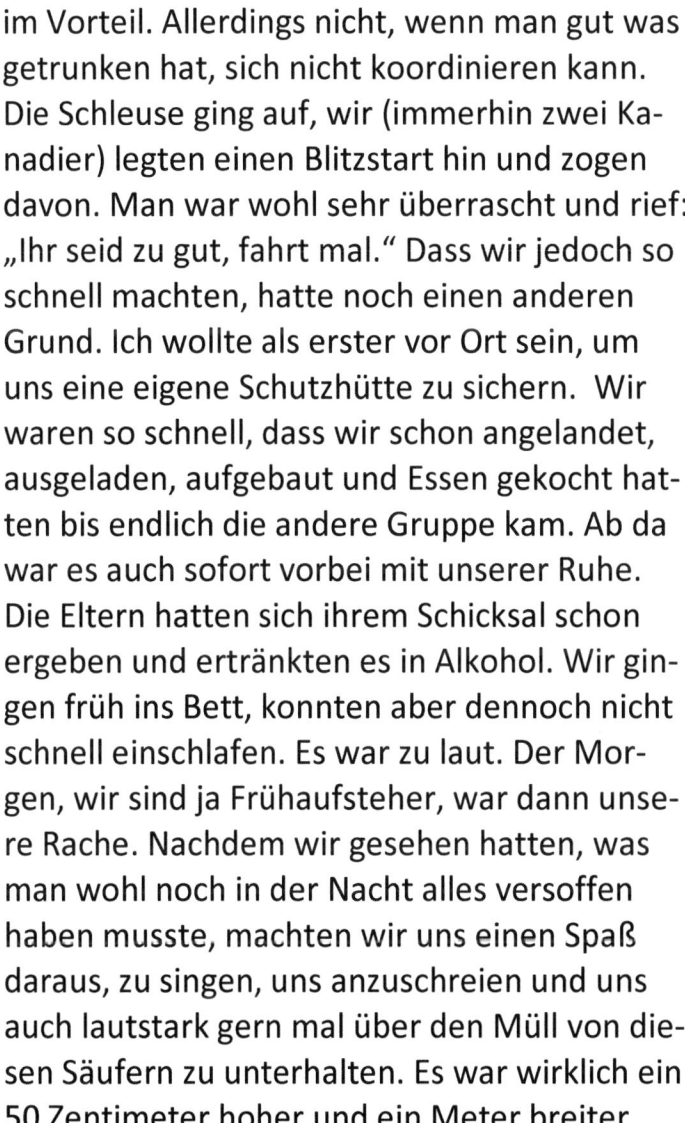

im Vorteil. Allerdings nicht, wenn man gut was getrunken hat, sich nicht koordinieren kann. Die Schleuse ging auf, wir (immerhin zwei Kanadier) legten einen Blitzstart hin und zogen davon. Man war wohl sehr überrascht und rief: „Ihr seid zu gut, fahrt mal." Dass wir jedoch so schnell machten, hatte noch einen anderen Grund. Ich wollte als erster vor Ort sein, um uns eine eigene Schutzhütte zu sichern. Wir waren so schnell, dass wir schon angelandet, ausgeladen, aufgebaut und Essen gekocht hatten bis endlich die andere Gruppe kam. Ab da war es auch sofort vorbei mit unserer Ruhe. Die Eltern hatten sich ihrem Schicksal schon ergeben und ertränkten es in Alkohol. Wir gingen früh ins Bett, konnten aber dennoch nicht schnell einschlafen. Es war zu laut. Der Morgen, wir sind ja Frühaufsteher, war dann unsere Rache. Nachdem wir gesehen hatten, was man wohl noch in der Nacht alles versoffen haben musste, machten wir uns einen Spaß daraus, zu singen, uns anzuschreien und uns auch lautstark gern mal über den Müll von diesen Säufern zu unterhalten. Es war wirklich ein 50 Zentimeter hoher und ein Meter breiter

Flaschenberg! Ihre Boote lagen vor dem Ufer, sodass wir diese erst mal beiseite nehmen mussten, weil wir sonst weder Wasser hätten holen können noch später hätten starten könnten. Solche Gruppen sind immer ein Fluch auf Rastplätzen. Wir sahen sie zum Glück nie wieder.

Diese Tour konnte man als Achterbahn bezeichnen. Der Mittwoch war komplett verhagelt und fiel ins Wasser, sodass wir Glühwein tranken. Mitten im Juli! Und am Freitag war es so heiß, dass man nur baden wollte und Heinzo abends noch einen Sonnenstich bekam. Auch wollte er lieber gar nicht so weit paddeln. Doch Silvio und ich hatten Lust. Wir stimmten „demokratisch" ab und am Ende war auch Heinzo glücklich, dass er es geschafft hatte. Auch wenn er seit dem nie wieder mit mir auf Kanutour gekommen ist. Oh, stimmt nicht, im Winter war er auch dabei. Aber davon berichte ich später.

Wir liegen hier

Es war ein heißer Tag in Deutschland. Silvio und ich paddelten wie blöde von Raddusch los, als gäbe es kein Morgen mehr. Geplant war eigentlich eine zwei Tagestour von Raddusch, über Groß Wasserburg nach Märkisch Buchholz.

Insgesamt 51 Kilometer.

Ich weiß auch gar nicht warum, aber irgendwie war noch eine volle Palette Dosenbier von der letzten Kanu-Tour übrig. Und eine Flasche Berliner Luft. Bier ist ja nicht so meins. Silvio hielt sich ans Bier und ich schnappte immer wieder nach frischer Luft. Unserer Stimmung tat das auch keinen Abbruch, im Gegenteil.

Aber unserer Leistungsfähigkeit tat der Alkohol nicht sonderlich gut. Der Oberspreewald war an diesem Samstag voller Touristen. Ein Spreewaldkahn nach dem anderen, voll mit altem Gammelfleisch beladen, fuhr die engen Fließe entlang. Das Gammelfleisch rief immer gerne so lustige Sätze wie: „Oh, Piraten!" oder „Überholen verboten" oder manche besonders witzige riefen: „Da waren wir früher aber schneller, strengen sich ja gar nicht an!"

In diesen Momenten wünsche ich mir immer eine volle Spritzpistole. Sie könnte das Leben doch so einfach machen. Stattdessen schnappte ich nach Luft und grinste ich den Sprücheklopfer an und dachte mir meinen nicht jugendfreien Teil. Da wir uns viele dumme Sprüche von den Touristen anhören durften, wir daraufhin immer wieder zum Bier und Schnaps griffen, wurden Silvio und ich auch immer betrunkener.

Irgendwann gegen 11.30 Uhr, wir sind erst gegen 10.00 Uhr gestartet und unser Fritz sah jetzt schon so aus wie nach dem Frühshoppen der Feuerwehr, fuhren wir die Hauptspree entlang in Richtung Lübben. Zu der Zeit wurden Schilfschnittarbeiten durchgeführt. Man könnte es als Rasenmähen auf dem Flussgrund bezeichnen. Damit soll die Fließgeschwindigkeit erhalten bleiben. Damit nun der ganze Mist nicht die Spree entlang schwimmt bis nach Berlin, stellt man Fangnetze auf, sammelt so das Seegras. Wie man sich vorstellen kann, kommt da eine enorme Menge zusammen.

Wir waren ja immer noch gut angeheitert und waren überrascht von diesem unerwarteten Hindernis.

Ich sagte zu Silvio: „Kein Problem, wir fahren ein Stück zurück, nehmen Anlauf, geben voll Speed und dann klappt das schon." Alles klar. Wir gute 30 Meter vor dem Hindernis aus Seegras und legten uns voll in die Paddel. Die Oberarme angespannt, der Rücken zog gut mit. Wir wurden immer schneller und gaben alles. Kaum hatten wir das Seegras berührt, konnten wir mit unseren Paddeln nicht mehr viel ausrichten und bremsten merklich ab. Das Seegras sammelte sich auf einer Länge von 15 Metern, von denen wir gute 12 Meter wirklich zügig fuhren. Wir hofften, auch noch die letzten drei Meter zu schaffen. Doch wir haben nicht mit dem Fangnetz gerechnet. Es ruckte, knarrte und wir stoppten abrupt. Silvio und ich schauten uns verwundert an. Das Kanu war doch schon am Bug frei von Seegras. Ich fluchte und mutmaßte, dass das Fangnetz uns irgendwie festhält. Silvio drehte sich im Kanu um und guckte mich an. Ich guckte ihn an. Da saßen wir nun wie falsch ausgelieferte Brat-

wurst auf einem Veganerfest oder eine Flasche Rotwein bei den Anonymen Alkoholikern. Wir beratschlagten und überlegten. Ich schnappte erst mal wieder nach Luft. Was macht man als Autofahrer, wenn man irgendwo liegen bleibt?! Ganz klar, man ruft den ADAC. Mein Vater ist Mitglied. Sogar Gold! Die können uns doch auch bestimmt helfen. Ich kramte das Handy aus der Wertebox und schaltete das alte NOKIA 6210i an. Damals wurden solche Nummern abgespeichert. Heute hat man dafür eine App. Ich rief beim ADAC an.

ADAC: „ADAC, guten Tag, was kann ich für Sie tun?"

Knallkopf: „Hallo, wir haben mit unserem Gefährt eine Panne und kommen nicht weiter."

ADAC: „Alles klar, Sie rufen von einem Handy aus an, wo befinden Sie sich?"

Knallkopf: „Na hier!"

An dieser Stelle sei nochmals erwähnt, dass wir nicht nüchtern waren und Silvio sich schon köstlich lachend im Kanu wälzte.

ADAC: „Guter Mann, hier ist keine Angabe. Welcher Ort oder haben Sie einen Kilometer-

stand für uns. Ist es eine Landstraße oder Autobahn?"

Knallkopf: „Nee, also ne Landstraße und Autobahn ist das hier nicht. Eher son Naturweg. Der letzte Ort war Lehde, durch den wir durch sind."

ADAC: „Sie sind also im Spreewald, ich brauche schon ein paar mehr Angaben. Wie ist denn das Kennzeichen des Fahrzeugs?"

Knallkopf: „Also wir nennen es Fritz. Wie schnell können sie denn mit einem Boot hier sein?"

ADAC: „Bitte, was Boot? Warum denn ein Boot? Sind Sie mit dem Auto ins Wasser gefahren?"

Knallkopf: „Nee, kein Auto, ich sitze im Kanu und hänge wohl an einem Fangnetz fest."

Mit Silvios Beherrschung war es nun völlig aus und auch die Antwort von der ADAC-Dame ließ etwas länger auf sich warten.

ADAC: „Guter Mann, Sie wollen mich wohl veralbern. Wissen Sie wofür das zweite A bei ADAC steht?"

Knallkopf: „Na, wenn Sie so fragen, bestimmt nicht für Anarchie?"

ADAC: „Nein, für Auto!" Tut. Tut. Tut.

Die Leitung war tot. Ich musste erst mal nach Luft schnappen. Ich brabbelte was von „gelbe Engel am Arsch und von wegen" und stocherte mit dem Paddel nun am Kanu rum.

Silvio und ich mussten uns also selber aus dieser misslichen Lage, in der wir uns befanden und für die wir eigentlich ja gar nichts konnten, selber befreien. Wir kletterten nun beide zur Mitte des Kanus und tasteten nach diesem blöden Fangnetz. Endlich bekam es Silvio zu fassen. Doch es war verhakt.

Ich beschloss, dass einer ins Wasser müsse, während der andere den Fritz zurückpaddeln musste. Silvio guckte mich nur kurz an und sagte: „Bevor du mir jetzt 20 Minuten erklärst, was die Vorteile sind, dass ich rein gehen sollte und nicht du, gehe ich lieber gleich rein."

Ach wie gut, dass Silvio mich kennt. Er zog sich komplett aus und ließ sich ins Wasser gleiten. Ich verlagerte mein Gewicht, sodass wir nicht kenterten. Er fluchte über diese kalte Brühe und das ganze Seegras, das sich seiner Aussage nach ÜBERALL an seinem Körper befand! Ich konnte mir das Lachen nicht verkneifen. Er

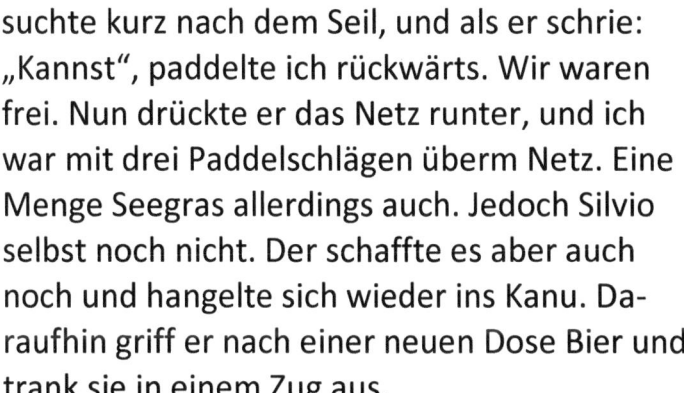

suchte kurz nach dem Seil, und als er schrie: „Kannst", paddelte ich rückwärts. Wir waren frei. Nun drückte er das Netz runter, und ich war mit drei Paddelschlägen überm Netz. Eine Menge Seegras allerdings auch. Jedoch Silvio selbst noch nicht. Der schaffte es aber auch noch und hangelte sich wieder ins Kanu. Daraufhin griff er nach einer neuen Dose Bier und trank sie in einem Zug aus.

Wir paddelten dann in Ruhe weiter. Allerdings waren wir dennoch schneller als gedacht. Um 15.00 Uhr waren wir schon kurz vor Petkamsberg. Da wollten wir eigentlich übernachten. „Nun gut", sagte ich, „das schaffen wir aber noch locker bis Groß Wasserburg. Lass uns bis dahin paddeln und bei Wolfgang was essen. Tja, und wenn wir schon da sind, dann lass uns gleich bis Märkisch Buchholz fahren und dann haben wir 51 Kilometer an einem Tag gemacht."

Ja, der Rest ist genauso passiert. Silvio hat sich bis Groß Wasserburg auch nicht mehr angezogen und abends wurden wir dann in Märkisch Buchholz abgeholt.

Wir waren nun um einige Erfahrungen reicher, aber die wichtigste war, dass das zweite A bei ADAC für Auto steht.

Die haben den Schuss nicht gehört!

Es war der 13.7.2014. Ok, für alle die, die es wieder vergessen haben: Fußball-Finale und Deutschland ist mit dabei! Wir fuhren an diesem Tag von Groß Wasserburg los. Machten auch gute Fahrt. Wir waren diesmal sogar 5 Menschen und ein Hund. Klaus, ein Bayer mit ausgeprägten Fußballneigungen, fragte schon vor der Tour: „Paul, was ist, wenn Deutschland im Finale ist? Ich will das Spiel sehen." Ich schaute auf meiner Route nach und sagte ihm: „Kein Problem, da sind wir in Werder, da gibt es ein Hotel. Die werden das Spiel bestimmt live zeigen!"

Als wir in Werder um ca. 17.00 Uhr strandeten, prüfte ich, ob ich einen Radiosender rein bekam. Für den Fall der Fälle. 1954 hat es ein Radio ja auch getan. Natürlich, ich bekam keinen rein. Also stiefelte ich los zum Hotel. Es war ein Vorkriegsgebäude mit dem „gewissen" Charme oder schlichtweg: seit 1985 ist hier der Farbeimer auch nur vorbei getragen worden. Am Tresen, eine Rezeption gab es nicht, fragte ich nun die Dorfschönheit, dessen Glanz sich nie entwickelt hatte, wann man denn heute vorbei kommen dürfe, um sich das Spiel anzusehen. Finale! Finale? Sie schaute mich ganz fragend an. Ich rechnete mit allem, von: „Na, wenn es läuft"..."oder was ist das für ne doofe Frage…", aber ich rechnete nicht mit ihrer Antwort: „Ich weiß gar nicht, ob wir das überhaupt anmachen, nur wenn sich genug Gäste finden, die es sehen wollen. Aber das entscheidet unser Chef!" Mir entglitt alles und ich fühlte mich nun verarscht. Ich sagte der Dame noch, dass ich 4 Leute mit Hunger und Durst hierher schicken würde. Umsatz!!! Sie verwies wieder auf ihren Chef. Doch der wäre zurzeit nicht da. Ich konnte mir schon denken, wo der war. Zu Hause, Heimkinoanlage aufbauen. Ich bat dann die Dame, mir die Telefonnummer ihres Chefs zu geben, damit ich das jetzt klären könne. Sie gab mir mürrisch die Nummer und ich rief an und hörte: „Sie sind keine hauseigenen Gäste?! Dann kann ich es nicht 100% sagen. Wir werden sehen." Ich ging zu Klaus und sagte ihm, wie der Stand sei und meinte: „Ihr geht da dann hin und sagt, wir wollen das Spiel sehen und wenn ihr nicht wollt, dass wir die

Aufbau-Ost-Gelder streichen, dann macht jetzt die Flimmerkiste an."

Sie gingen, blieben dort und kamen ca. 3 Stunden später gut gelaunt wieder. Deutschland war Weltmeister!

Ich aber saß am Lagerfeuer. Ich habe nicht eine Minute gesehen. Was sollte ich mir Fußball angucken, wenn ich das Ergebnis sowieso erfahre. Und dem Fernseher ist es egal, ob ich ihn anschreie.

Egal wie man es macht

Es war die erste Woche als Scout 2013. Ich freute mich tierisch darauf und auch auf Silvio, der extra wegen mir noch mal nach Schweden gekommen ist.

Die Gruppe war total genial. Gut gemischt und alle Menschentypen waren vertreten. Es war der vierte Tag. Bisher hatten wir schon einen wasserfallartigen Regenguss überlebt, der unsere Sicht auf unter fünf Meter einschränkte und das Boot in wenigen Minuten füllen konnte. Als wir lospaddelten war das Wetter noch sehr gut. Auch die Umtrage von 1,3 Kilometern haben wir super gemeistert. Doch dann erreichte das Wetter und der Wind seine volle Kraft und Stärke. Wir bogen in den Le Long ein und Wellen von ca. 75 Zentimetern Höhe schlugen uns entgegen. Bis zu unserem Rastplatz waren es noch ca. vier Kilometer. Diese sind eigentlich nichts und normalerweise in ca. 30 Minuten locker zu schaffen. Doch wir brauchten für zwei Kilometer fast zwei Stunden! Der Wind drückte von vorne, die Wellen klatschen ans Kanu. Man hatte das Gefühl, eigentlich nicht wirklich vorwärts zu kommen. Kathi und ich sangen die ganze Zeit nur noch „dont worry be happy", um nicht durchzudrehen. Immer wieder ließ ich mich zurückfallen, um nicht zu weit voraus zu paddeln. Neben mir waren Ulli und Klaus. Auch sie waren recht gut. Im letzten Kanu waren Silvio und Beate. Er sollte aufpassen, dass wir keinen verlieren. So kämpften wir uns immer weiter zum Rastplatz. Etwa einen Kilometer vor der Insel, wo wir unser Lager aufschlagen durften, waren plötzlich drei Boote abgetrieben und weg. Wir, sechs Mann in den weiteren drei Booten, erreichten völlig durchnässt den Rastplatz, suchten Holz und bauten ein Lager auf. Glücklicherweise hatten wir soweit alles Wichtige dabei. Also in unseren Booten lagen die Sägen, die Axt, zwei/drei Planen und ein paar Zelte. Wir bauten alles auf und machten Feuer. Knapp eine Stunde später kamen dann die anderen sechs an. Ich war heilfroh, dass wir alle nun in Sicherheit waren. Jeder bekam gleich mal eine Suppe und durfte sein Zelt beziehen. Es war mir unheimlich peinlich, da ich die Truppe überschätzt hatte. Abends hatten wir dann noch ein langes

Gespräch darüber, wo ich mich auch entschuldigt habe. Allerdings machte mir kaum einer einen Vorwurf. Silvio und ich erzählten den Leuten, dass wir vor einem Jahr eine ähnliche Situation gehabt hätten, wo ich abgebrochen habe. Damals machten mir einige den Vorwurf, die Truppe zu unterschätzen. Also, egal, wie man es macht, manchmal macht man es falsch!

Doch diese Erfahrungen bringen Dich weiter. Weiter als Mensch, und das ist etwas, was Du nie in der Schule lernen wirst.

Rosé lagert man nicht auf Schiffen!

Es war in meiner zweiten Kanuscout-Woche. Es war die beste Truppe von allen! Wir campierten auf der Insel, wo der Rastplatz Nr. 16 eingerichtet war. Von dort aus war es nur ein Katzensprung zum Festland, wo ein sogenannter Autofriedhof war. Ein Mann sammelte Autos. Und statt sich Blumen in seinem Garten zu pflanzen, stellte er sich Autos dort hin. Ausgeschlachtet, ohne Motor etc., teilweise mitten in den Wald hinein bis zu fünf Autos hoch. Es ist ein interessanter Ort.

Als wir nun gerade auf dem Weg zum Festland waren, sah ich ein Segelboot, das auf uns zukam. Das Boot an sich war nichts besonders, nur die Segel weckten mein Interesse. Es war eine Dschunke. Also ein japanisches Schiff aus dem Mittelalter. Also nur ein Nachbau.

Ich fuhr geradewegs auf die Dschunke zu und Kathi, die vorne im Boot saß, knipste wie wild drauflos. Der Kapitän bemerkte dies und freute sich darüber so sehr, dass er uns bat, ihm die Fotos nach dem Urlaub zuzusenden. Ach ja, ich sollte erwähnen: es war ein deutscher Landsmann. Kathi machte also noch mehr Fotos und man tausche mitten auf dem See Foxen die Mailadressen aus. Als Dankeschön schenkte uns der Kapitän noch eine Flasche Rosé. Total erfreut darüber, abends am Lagerfeuer endlich einen Wein trinken zu können, stellten wir die Flasche kalt. Ok, ich habe sie in den Sand eingegraben.

Danach gesellte ich mich zu den Anderen an das Feuer und setzte mich in die Schutzhütte auf den Rastplatz Nr. 16. Unsere Kanus lagen am Strand unten.
Etwas oberhalb, mit Blick auf die Bucht, lag die Schutzhütte. Von dort an ging es fünf bis zehn Meter runter zu der Bucht. Die Kanus lagen links von mir am westlichen Ufer der Insel. Wie genau es passierte, weiß ich eigentlich gar nicht mehr. Ich weiß nur noch, dass ich rauchend am Feuer saß und vergnügt auf die Bucht und den dahinter liegenden Foxen sah. Bis ich das Kanu entdeckte, was ganz ohne Besatzung - völlig allein - gerade um die Ecke auf

den offenen Foxen trieb. Etwas erstaunt und noch nicht ganz begreifend, sah ich nach links zu unseren Kanus.

Es dauerte nicht sehr lange, bis mir klar wurde, dass dort eines unserer Kanus davon schwamm. Ich schaltete, sprang auf, warf die Zigarette ins Feuer und schlüpfte aus den Schuhen. Warf den Pulli und das Shirt in die Hütte und rannte den Hang hinunter. An der Bucht angekommen, sah ich gerade noch, wie die Kanuspitze um die Ecke bog und 300 Meter von mir entfernt auf den See trieb. Der Foxen ist ca. 35 Kilometer lang. Wer will da schon ein einzelnes Kanu übern den See jagen? Nein das will man nicht. Noch schnell die Socken und die Hosen runter, wobei meine Unterhose leider auch mit runterrutschte. Sie wieder anzuziehen, hätte zu viel Zeit gekostet. Ich sprang also ins Wasser. In wohlgemerkt sehr kaltes Wasser. Ich schwamm wie ein Irrer auf den See hinaus, beobachtet von 13 neugierigen Augenpaaren meiner Reisegruppe. Ziemlich fertig vom Tempo, aber ordentlich aufgeheizt durch das kalte Wasser und das Adrenalin, erreichte ich das Kanu. Ich kletterte rein, und weil die Paddel drin waren, kniete ich mich in die Mitte und fuhr frierend an den Strand zurück. Dort stand nun die versammelte Mannschaft und klatschte.

Jedoch war ich immer noch nackt. Sie zogen mich an Land, und ich stieg aus. In dem Moment dachte ich mir nur, dass das Wasser nicht so kalt hätte sein müssen. Zur Belohnung und damit ich nicht krank werde, denn das Wasser hatte gerade mal 14 °C, wurde die Flasche Rosé sofort aufgemacht und ich bekam einen warmen Tee mit Wein. Aber nur eine Tasse, der Rest sollte für den Abend sein.

Am Abend machten Kathi und ich die Flasche leer. Er schmeckte mir zwar nicht so gut, jedoch war es Alkohol und er war umsonst. Gut angeheitert rollte ich mich in meinen Schlafsack und legte ich mich in die Schutzhütte. Gegen 2.00 Uhr morgens, egal was passiert, es ist immer um 2.00 Uhr morgens, merkte ich wie mein Bauch ganz doll spannte, ich Krämpfe hatte und Schweißausbrüche bekam. Mit Müh und Not schaffte ich es gerade noch aus der Hütte raus. Kaum stand ich, drehte sich mein Magen komplett um, und ich erbrach. Mir ging

es richtig übel und ich verfluchte den Kapitän und sein Geschenk. Dem würde ich was erzählen, falls ich ihn noch mal sehen würde.

Zwei Tage später, als wir gerade an der Schleuse bei Lennartfors warteten, sah ich im Hafenbecken gegenüber das Schiff liegen. Als der Kapitän gerade von unten auf das Deck kam, brüllte ich zu ihm: „Hey…ich hab mit dir ein Hühnchen zu rupfen. Wegen dir habe ich die ganze Nacht gekotzt!"

Knigge ist unter Seefahrern kein sehr geschätzter Mann. Ich freute mich innerlich, ihn wieder zu sehen und ihm so gleich mal ordentlich die Meinung zu geigen.

Doch er winkte nur. Was wohl bedeutete, dass er nichts verstand. Ich paddelte schnell rüber und erzählte ihm nun, was mir passiert war, nachdem ich von seinem Rosé getrunken hatte. Er war sehr überrascht und entschuldigte sich ganz doll. Er sagte zu mir: „Das wollte ich nicht, doch ich habe mal gelesen, dass man Wein nicht auf Schiffen lagern soll, weil die durch das Schaukeln leicht kippen."

Mein Gesicht musste ihm wohl signalisiert haben, dass ich so gar nicht darüber erfreut war, sein Gehörtes zu bestätigen. Er ging wieder unter Deck und überreichte mir, nach dem er wieder auftauchte, nun eine Flasche Rotwein. Diese hätte er eigentlich heute Abend selbst trinken wollen, nun möchte er sie mir aber schenken. Ich nahm sie an! Was hätte ich auch anderes tun sollen.

Meine Reisegruppe zog mich auf. Sie unkten, was mir nun widerfahren würde. Doch diesmal passierte gar nichts.
Nichts, außer dass ich an diesem Abend nicht nur rot vom Sonnenbrand war.

Der besondere Blick

Ein Phänomen ist es, wenn zwei Männer mit einem Hund unterwegs sind. Sie werden zu 90% für ein schwules Pärchen gehalten und immer belächelt. Egal ob mit Jan, Fred, Silvio, Stocken oder Heinzo.

Es ist auch immer witzig, wie das Verhalten ist. Meist sieht man unsere Fahne als erstes. Dann heißt es: „Piraten", dann sieht man das Tierchen und alle sagen: „Ohhhh, guck mal wie süß." Der darauffolgende Blick auf uns Männer sagt dann alles!

Anders ist es, wenn man mit einem Tierchen und einer Frau im Boot unterwegs ist. Dann ist man meist nur allein am Paddeln, da ständig mit dem Tierchen geknuddelt werden muss. Plötzlich ist der Blick von anderen Wassersportlern, den man nun als Mann hinten im Boot kassiert, ein völlig anderer. Von den Frauen in den anderen Booten, bekommt man folgenden Blick: „Man, der paddelt seine Liebste stolz und allein durch die Gegend...ich wurde schon zwei Mal angeschnauzt, die hat ein Glück." Von dem Mann sind es zwei Arten.

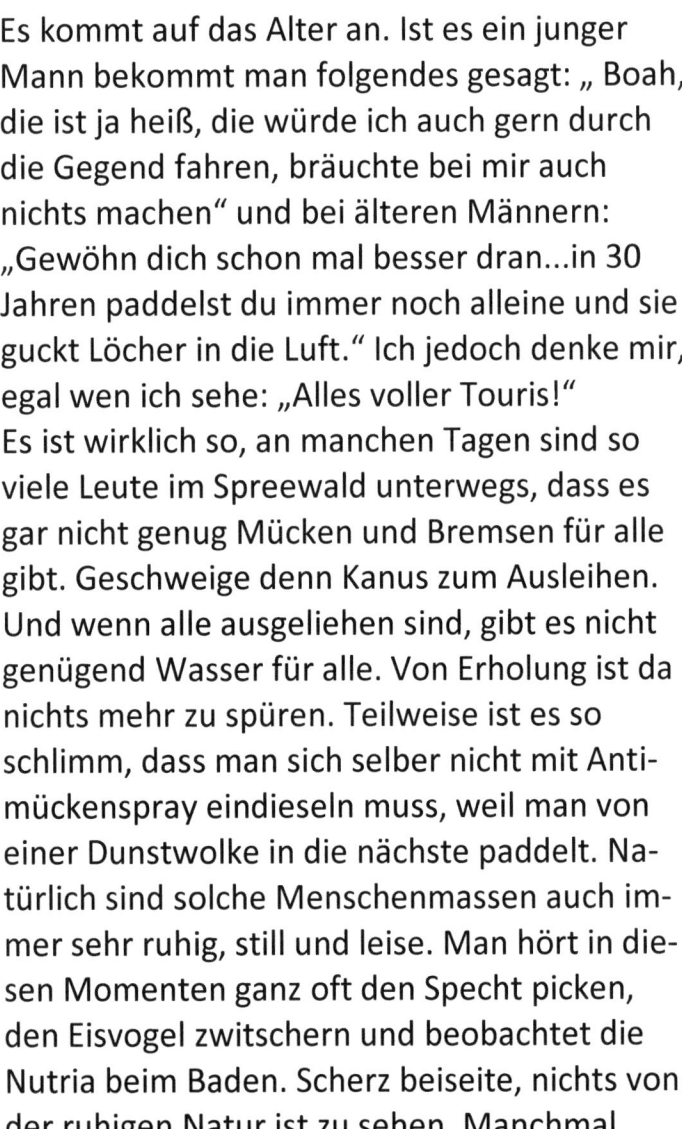

Es kommt auf das Alter an. Ist es ein junger Mann bekommt man folgendes gesagt: „ Boah, die ist ja heiß, die würde ich auch gern durch die Gegend fahren, bräuchte bei mir auch nichts machen" und bei älteren Männern: „Gewöhn dich schon mal besser dran...in 30 Jahren paddelst du immer noch alleine und sie guckt Löcher in die Luft." Ich jedoch denke mir, egal wen ich sehe: „Alles voller Touris!"

Es ist wirklich so, an manchen Tagen sind so viele Leute im Spreewald unterwegs, dass es gar nicht genug Mücken und Bremsen für alle gibt. Geschweige denn Kanus zum Ausleihen. Und wenn alle ausgeliehen sind, gibt es nicht genügend Wasser für alle. Von Erholung ist da nichts mehr zu spüren. Teilweise ist es so schlimm, dass man sich selber nicht mit Anti-mückenspray eindieseln muss, weil man von einer Dunstwolke in die nächste paddelt. Natürlich sind solche Menschenmassen auch immer sehr ruhig, still und leise. Man hört in diesen Momenten ganz oft den Specht picken, den Eisvogel zwitschern und beobachtet die Nutria beim Baden. Scherz beiseite, nichts von der ruhigen Natur ist zu sehen. Manchmal

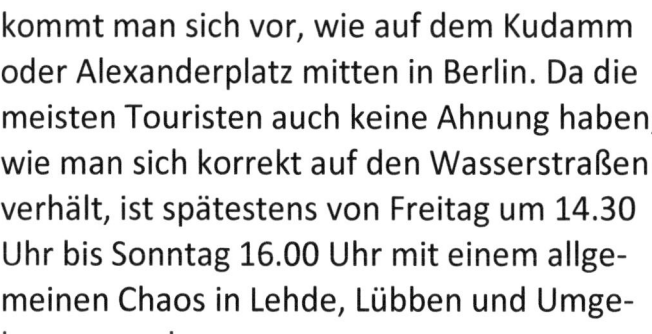

kommt man sich vor, wie auf dem Kudamm oder Alexanderplatz mitten in Berlin. Da die meisten Touristen auch keine Ahnung haben, wie man sich korrekt auf den Wasserstraßen verhält, ist spätestens von Freitag um 14.30 Uhr bis Sonntag 16.00 Uhr mit einem allgemeinen Chaos in Lehde, Lübben und Umgebung zu rechnen.

Folgenden Radio-Wasserverkehrsfunk könnte ich mir dann durchaus vorstellen:

„Und nun der Wasserverkehrsfunk. Der Scheidungsfließ, Neue Spree, sowie der Ostgraben einschließlich des Erlenkönigfließ werden wegen Überfüllung gesperrt. Eine Umleitung ist noch nicht ausgeschildert. Die Schleusen Burg, Schlepzig und Lübben-Nordumfluter melden Stau und eine Wartezeit von mindestens 36 Minuten. Dort bitte etwas mehr Zeit für den Rückweg einplanen und auf die Mücken achten. So eben erreicht uns noch die Meldung, dass die Gürkchen und die Schmalzstullen im Ort Lehde restlos ausverkauft sind. Allen Erholungssuchenden eine angenehme Fahrt und immer eine Handbreit Wasser unterm Kiel"

Der besondere Blick Teil Zwei

Es gibt noch einen anderen Blick, den man immer wieder unterwegs zugeworfen bekommt oder zuwirft. Das ist dieser prüfende, leicht erkundigende Blick, was hat der andere. Wir reden nicht von den Touris, die sich ein Kanadier oder Kajak ausleihen. Nein...die erkennt man recht schnell. Falsche Haltung, kein Gepäck, das Paddel nicht richtig im Palmengriff und meistens wechseln sie ständig die Seite oder bremsen das Kanu völlig aus und nennen das dann lenken. Auch ist der Vordermann immer schuld, dass man links oder rechts das Ufer zu dicht streift. Von diesen Süßwasserpiraten rede ich nicht. Ich meine die Wasserwanderer mit Ausrüstung, die unterwegs zelten, Packsäcke dabei haben etc. Da wirft man gerne mal einen Blick rüber und schaut so, was die anderen mitnehmen. Welche Marken sie bei den Packsäcken bevorzugen. Manche nehmen schlicht einen Müllbeutel. Ok, erfüllt bedingt seinen Zweck. Jedoch sieht es auch eher so aus, als würde man für das örtlichen Müllunternehmen die Müllabfuhr spielen. Bei anderen sieht man, dass ihre Ausrüstung noch

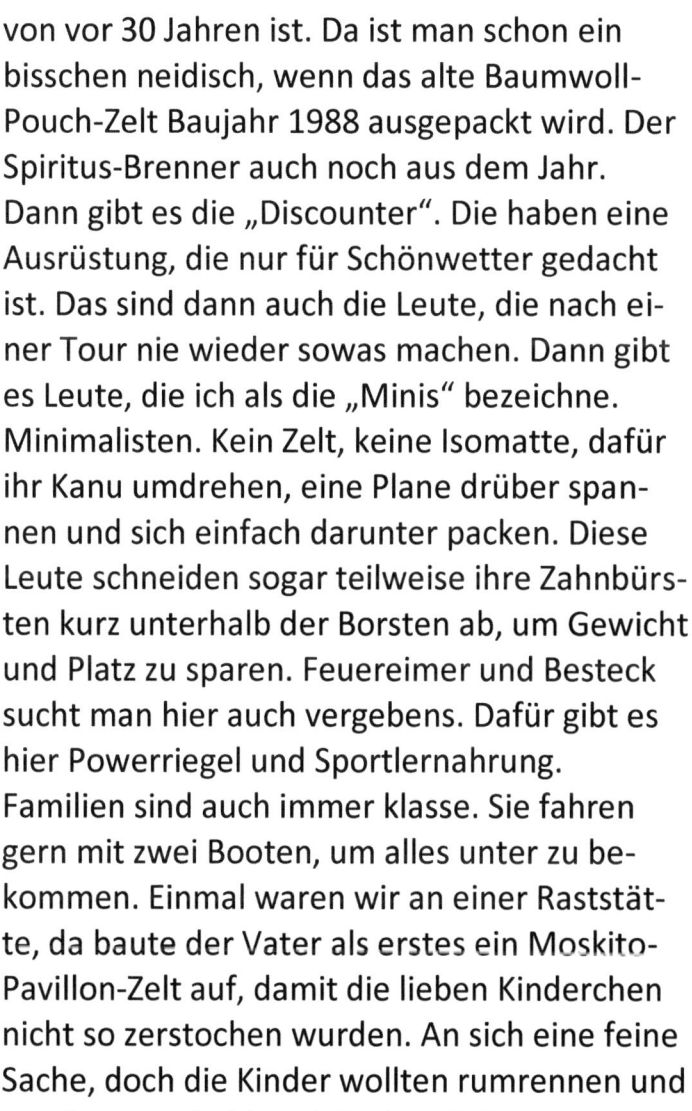

von vor 30 Jahren ist. Da ist man schon ein bisschen neidisch, wenn das alte Baumwoll-Pouch-Zelt Baujahr 1988 ausgepackt wird. Der Spiritus-Brenner auch noch aus dem Jahr.
Dann gibt es die „Discounter". Die haben eine Ausrüstung, die nur für Schönwetter gedacht ist. Das sind dann auch die Leute, die nach einer Tour nie wieder sowas machen. Dann gibt es Leute, die ich als die „Minis" bezeichne. Minimalisten. Kein Zelt, keine Isomatte, dafür ihr Kanu umdrehen, eine Plane drüber spannen und sich einfach darunter packen. Diese Leute schneiden sogar teilweise ihre Zahnbürsten kurz unterhalb der Borsten ab, um Gewicht und Platz zu sparen. Feuereimer und Besteck sucht man hier auch vergebens. Dafür gibt es hier Powerriegel und Sportlernahrung.
Familien sind auch immer klasse. Sie fahren gern mit zwei Booten, um alles unter zu bekommen. Einmal waren wir an einer Raststätte, da baute der Vater als erstes ein Moskito-Pavillon-Zelt auf, damit die lieben Kinderchen nicht so zerstochen wurden. An sich eine feine Sache, doch die Kinder wollten rumrennen und somit waren bald auch in dem Zelt genauso

viele Mücken wie sonst überall. Aber auch bei mir selber fliegen immer mal wieder Dinge raus, die überhaupt nicht genutzt werden. Sitzkissen zum Beispiel. Oder die Axt. In Schweden unabdingbar, in Deutschland kompletter Ballast mittlerweile. Aber auch Dinge kommen dazu, die man früher als unnötig empfunden hatte. Kleine Faltstühle. Oder eine Extraplane, um auch bei Regen draußen geschützt zu sein. Bei mir gibt es seit einigen Jahren auch nur eine Schüssel für Jeden. Worin man Suppe essen kann, kann man auch Bratwurst essen. Anfangs nahm ich noch eine Kuscheldecke fürs Tierchen mit. Die wurde auch gestrichen, weil die Lakritznase sich eh immer in meinen Schlafsack kuschelt. Daraus resultierte, dass ich mir einen etwas größeren Schlafsack kaufen durfte, der uns beiden Platz bot. Zurück zum Thema Blick. Der größte Blick und Neidpunkt aber ist das Boot! Genauso wie bei den Autos gibt es im Wassersportbereich Marken und Preisklassen. Diese variieren von Typ und Anspruch. So gibt es natürlich solche Polen-Kanus, die ihren Zweck komplett erfül-

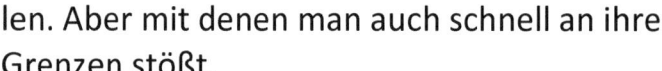

len. Aber mit denen man auch schnell an ihre Grenzen stößt.

Oder die Lindner Alu-Kanus. Stabil, robust und absolut pflegeleicht. Hat aber auch einen stolzen Preis. Genauso wie die einzigartigen Explorer oder Bell-Kanadier. Da kann man schon mal einen vierstelligen Betrag zahlen. Da schaut man gerne hin. Ich allerdings schaue am liebsten bei selbstgebauten oder umgebauten Booten hin. Das liegt aber wohl daran, dass alle meine Kanus eine persönliche Note bekommen und ich sie immer anpasse. Da erkennt man wirkliche Leidenschaft zum Wassersport. Wie jeder Mensch anders ist, so gestaltet er auch sein Boot. Mir ist es nicht so wichtig, dass es aus Holz ist. Dafür achte ich lieber auf feste Luftkammern und Trennwände. Bei meinem nächsten Kanu-Umbau zum Beispiel möchte ich eine Abdeckplane mit Druckknöpfen schneidern lassen. Also eine Art Hybrid zwischen Kajak Spritzschutzdecke und Kanadier. So passt jeder sein Boot seinen Wünschen an und man schaut neugierig bei den Anderen zu.

Paddel aus Stahl Tour 2017

Oder..."Alles sollte ganz anders werden". Eigentlich wollten wir, das waren Basti, Silvio und ich, wieder mal auf der Feldberger Seenplatte unser Unwesen treiben. Doch erstens kommt es anders, und zweitens als man denkt. Basti musste leider 2 Wochen vorher absagen. Dadurch war unsere gesamte Planung für die Tonne. Denn wir wollten ja mit Bastis Auto hochfahren. Ok. Nichts leichter als das, ein Knallkopf hat immer eine Lösung! Silvio und ich hatten ja 2016 mit Heinzo schon mal fast die Märkische Umfahrt gemacht. Aber eben nur fast. Man muss dazu sagen, dass Silvio und ich echt bekloppte Kanufreaks sind. Das hat nichts mit Urlaub zu tun, sondern mit Wahnsinn im Kilometerrausch. Und genau das wollten wir wieder tun. Ich rief Silvio an und fragte ihn, was dagegen spricht, ein bisschen Wahnsinn zu betreiben. Also die Märkische Umfahrt in vier Tagen zu schaffen. Silvio fragte nicht, warum ich das vorschlug, sondern sagte nur: „Klar, bin dabei!" Und was war das für eine Tour! Es fing schon mit Wahnsinn an. Eigent-

lich wollten wir grillen. Gemütlich und entspannt den ersten Abend am Lagerfeuer verbringen. Wie gesagt, eigentlich. Denn der erste Abend wurde leider von einer Gewitterfront und einer Unwetterwarnung torpediert. Gegen 19.00 Uhr saß Silvio noch friedlich und seelenruhig auf der Terrasse meines Bungalows, während wir um 19.30 Uhr drinnen hinter den Fenstern hockten und zusahen, wie daumendicke Hagelkörner (mindestens 3 Zentimeter) an die Scheibe flogen. Man hatte schon befürchtet, dass die Scheiben eventuell einen Schaden davon tragen könnten. Das ganze Spektakel dauerte nur ganze zehn Minuten. Allerdings war es auch ganze 15 Grad kälter! Es sah aus, als läge eine Eisschicht auf dem Rasen. Unser halbes Grundstück war unter Wasser. Der Boden war zu trocken gewesen, um diese Massen an Wasser und Eis aufzunehmen.

Der einzige Vorteil war, dass man gut schlafen konnte. Da es angenehm kühl war.

Das gesamte Chaos dieser Hagelattacke wurde uns erst am nächsten Morgen nach dem Frühstück klar. Ich wollte gerade abwaschen, und Silvio das Boot ausleeren. Wir hatten es blöderweise schon den Abend vorher auf dem Trailer fest gemacht, als mein Vater ankam und verkündete: „Der Hagelsturm hat sämtliche Dächer zerschlagen, alles ist zerstört." Das musste ich mir ansehen. Ich vergaß den Abwasch und lief zum Bootschuppen. Tatsächlich. Es sah aus wie ein Sternenhimmel. Die schwarzen Plastikplatten waren völlig zerlöchert und von den Löchern drang das Licht rein. Ich musste handeln. Wir suchten sämtliche Planen zusammen und zogen sie über die Dächer. Das kostete uns Zeit. Und den Abwasch. Meine Mutter meckerte noch vier Wochen lang rum, dass sie unseren Abwasch machen musste.

Viel zu spät und völlig abgehetzt starteten wir diesmal in die Tour. Ursprünglich wollten wir in Petkamsberg starten, jedoch durch die Hagelaktion mussten wir uns mit Schlepzig begnügen. Dafür fuhren wir nicht auf dem direkten Weg, sondern doch mit ein paar Umwegen. Um in alter Tradition zu bleiben und in der Brauerei ein Bierchen zu trinken, fuhren wir in Schlepzig einfach mal links durch den Ort und düsten zur Brauerei. Doch was mussten wir feststellen?! Die hatten ja noch gar

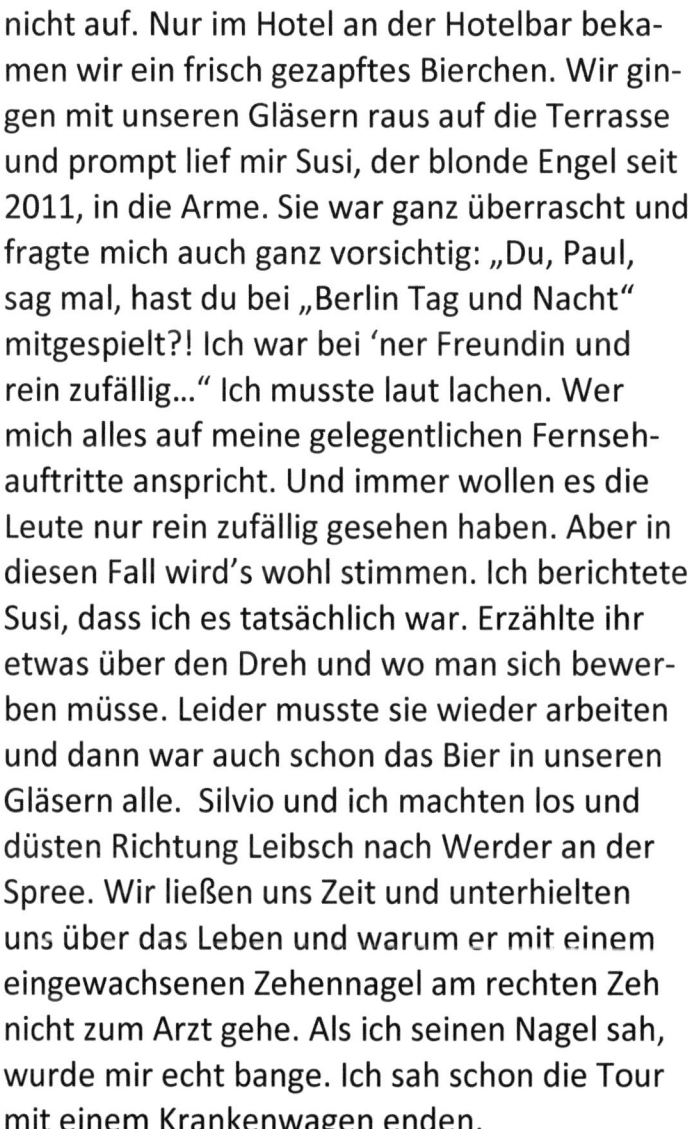

nicht auf. Nur im Hotel an der Hotelbar bekamen wir ein frisch gezapftes Bierchen. Wir gingen mit unseren Gläsern raus auf die Terrasse und prompt lief mir Susi, der blonde Engel seit 2011, in die Arme. Sie war ganz überrascht und fragte mich auch ganz vorsichtig: „Du, Paul, sag mal, hast du bei „Berlin Tag und Nacht" mitgespielt?! Ich war bei 'ner Freundin und rein zufällig…" Ich musste laut lachen. Wer mich alles auf meine gelegentlichen Fernsehauftritte anspricht. Und immer wollen es die Leute nur rein zufällig gesehen haben. Aber in diesen Fall wird's wohl stimmen. Ich berichtete Susi, dass ich es tatsächlich war. Erzählte ihr etwas über den Dreh und wo man sich bewerben müsse. Leider musste sie wieder arbeiten und dann war auch schon das Bier in unseren Gläsern alle. Silvio und ich machten los und düsten Richtung Leibsch nach Werder an der Spree. Wir ließen uns Zeit und unterhielten uns über das Leben und warum er mit einem eingewachsenen Zehennagel am rechten Zeh nicht zum Arzt gehe. Als ich seinen Nagel sah, wurde mir echt bange. Ich sah schon die Tour mit einem Krankenwagen enden.

Unser Ziel heute sollte Kummerow sein. Das waren 40 Kilometer. Unterwegs passierte nicht viel, außer dass man wohl heute Partysamstag ausgerufen hatte. Wir hielten kurz in Werder an, und ich badete, gab einem anderen Wasserwanderer, der noch unschlüssig war, ob er in Kossenblatt oder in Werder bleiben solle, den Tipp, lieber hier in Werder zu bleiben. Wenn er seine Ruhe schätzt. Der Platz in Kossenblatt ist zwar sehr schön, jedoch direkt unterhalb an einer Autobrücke. So dass mit Lärm zu rechnen ist.

Er blieb. Dass mein Tipp an dem Tag doppelt gut war, stellte sich raus, als wir selbst kurze Zeit später vorbeifuhren und dort auf dem Biwakplatz das Dorffest ausgerichtet wurde. Der junge Mann hatte sich richtig entschieden. Zügig paddelten wir durch Trebatsch und bogen auf den Glowersee und von überall ertönte laute Partymusik. Sehr zu meiner Freunde hatte die Pommesbude an der Fähre geöffnet. Kurze Pause und Stärkung, dann ging es weiter, während sich langsam die Sonne ihren Weg auf die andere Hälfte unsere Erde bahnte und immer tiefer wanderte, kamen wir unserem Ziel näher. In der Dämmerung kamen wir an. Alles erst mal auf den Steg gestellt, dann sah ich zwei Zelte. Davor zwei Männer am Grill und zwei Kinder, die rumtobten. Da man sich beim Biwakplatz Kummerow anmelden muss, ging ich zu den Männern und fragte, ob sie sich schon angemeldet hätten. Man grüßte sich und erzählte mir, dass der Platzwart später kommen würde. Wir können in Ruhe aufbauen. Ich bedankte mich, und meinte noch aus Flachs: „Bevor ihr die Reste wegschmeißt, sagt Bescheid." Man sagte sofort, dass es wirklich zu viel war und sie die Reste nochmal warm machen werden und uns rufen wollten. Ich war verblüfft. Schon wieder so ein Glück. Rucki, zucki war das Zelt aufgebaut und gleich darauf wurden wir gerufen, dass die köstlichen Reste bereit wären. Mit vollen Tellern und Bier bewaffnet, setzen wir uns auf den Steg und verspeisten unser tolles Abendbrot: Champignons-Spieße, Bratwurst, Folienkartoffeln. Ach konnte dieser Abend noch besser werden? Ja, er konnte! Ich sah wie ein motorisiertes Segelboot sich anschickte, an den Steg anzulanden. Ich stand auf, rief der Besatzung zu, dass ich ihnen mit dem Seil helfen werde, man müsse es nur rüber werfen. Der Mann freute sich und ich dachte nur, der Mann kommt mir aber bekannt vor. Mit seiner Pfeife, der Mütze, seiner ganzen Art. Kurze Zeit später war das Boot fest gemacht. Zur Crew gehörten der ältere Mann, sein Sohn und seine Schweigertochter, wie sich später rausstellte. Man stellte Klappstühle auf den Steg und ich fragte den Herrn, ob er zufällig Orgelbauer wäre. Seine Schwiegertochter, zu dem Zeitpunkt wussten wir es ja noch nicht, blieb stehen und meinte: „Na Mensch, da haste aber ins Schwarze getroffen." Ich verneinte und erklärte ihr, dass ich ihm genau hier vor fünf Jahren schon einmal begegnet sei. Es war tatsächlich der Orgelbauer. Er musterte mich kurz und meinte: „Du warst doch Feuerspucker!" Es war ein sehr lustiger und langer Abend. Mit Lagerfeuer, Erlebnisberichten der letzten fünf Jahre und der Weisheit, dass Unglück auch die herzlichsten Menschen trifft! Ich erzählte ihnen sogar, dass ich sie schon in meinem ersten Buch verewigt hätte. Viel zu früh mussten wir uns verabschieden, denn der nächste Tag sollte auch

wieder früh beginnen und erst sehr spät aufhören.

60 Kilometer sind machbar

Gegen 7.00 Uhr standen Silvio und ich auf. Es war wieder viel zu kalt in dieser Nacht. Während Silvio das Frühstück mit magenwandfressendem Kaffee machte, baute ich das Zelt ab. Irgendwie wurde das Frühstück zum „Imbiss to go". Gegen 8.30 Uhr stachen wir in See. Der Orgelbauer und sein Sohn schliefen noch fest und ruhig. Das dritte Crewmitglied hatte sich schon am Abend wieder auf den Heimweg gemacht. In Beeskow wurden wir von den Stadtenten fröhlich begrüßt. Ein Geschnatter. Man mähte das Ufer und sah uns etwas wehmütig hinterher. Wir nahmen die alte Burgschleuse, die immer wieder ein Erlebnis ist. Wenn man 200 Schläge machen muss, um nur ein Tor zu schließen oder zu öffnen, dann kostet das Zeit und Kraft. Aber, ich glaube, sie ist einmalig. Zügig fuhren wir danach weiter. Unterwegs sammelten wir Müll auf. Müll, den Angler achtlos in das Wasser schmissen. Netterweise nahm uns ein Angler, den wir beim Reinigen des Anglervereinsgeländes trafen, den Müll ab. Wir paddelten einfach immer weiter. Bis nach Neubrück. Gegen 12.00 Uhr kamen wir da an. Hier mussten wir das Kanu umsetzen. Wir machten den Kanuwagen fest, schmissen uns die Packsäcke auf die Rücken und stiefelten los.

Einen Kilometer ging es übers Land. Kurz noch das Dixi benutzt, einen Keks gegessen und schon ging es weiter! Die Drahendorfer Spree bis zum Kanal runter gepaddelt. Der Kanal überraschte uns. Da er uns diesmal nicht mit Gegenwind und Regen, sondern mit warmen Sonnenstrahlen und leichtem Rückenwind verwöhnte. Kurz vor Fürstenwalde, an der Schleuse, überholten wir eine entnervte Frau mit ihrem schon resignierten Sohn. Da sie weder die Technik des Paddelns beherrschte, noch die Kraft hatte, fuhren sie sehr langsam. Wie sich an der Schleuse herausstellte, war sie ein Teil einer Reisegruppe. Ungefähr 16 Personen, ein Mix aus Erwachsenen und Kindern, waren zusammen unterwegs. Obgleich ihre Boote eher aussahen wie Mülltransporter. Al-

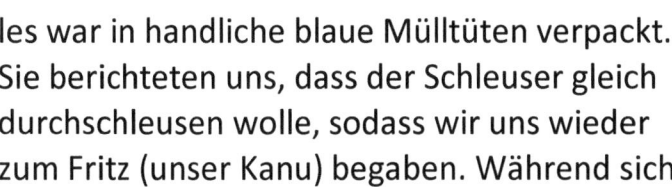

les war in handliche blaue Mülltüten verpackt.
Sie berichteten uns, dass der Schleuser gleich
durchschleusen wolle, sodass wir uns wieder
zum Fritz (unser Kanu) begaben. Während sich
Silvio ein Döschen Bier gönnte, kam ich mit
den Leuten weiter ins Gespräch.

Sie waren erstaunt, dass wir so gut organisiert
schienen und schon weit über 40 Kilometer
zurückgelegt hatten. Als sie erfuhren, dass
noch 20 Kilometer vor uns lagen, wurden wir
schlichtweg für verrückt erklärt. Was wohl
auch ein bisschen stimmte. Der eine Mann
schielte dabei zu Silvio und fragte ihn, ob er
ihm eine Kaltschale abkaufen könne.
Er bräuchte jetzt einfach ein Bier. Wir gaben
ihm gern das Bier. Ohne Geld. Unter Wasser-
wandern sollte man sich immer helfen. Zufrieden und genüsslich trank er sein wohlverdien-
tes Bier. Der Schleuser wartete noch auf das
letzte Kanu und schleuste uns allesamt durch.
Während die Reisegruppe für heute ihr Ziel
erreicht hatte, kurz hinter der Schleuse rechts
ist eine Marina mit Zeltplatz, fuhren wir auf
dem Kanal weiter bis zum Abzweig auf die

Müggelspree. Noch einmal mussten wir, weil die Gleislore gebaut wurde, alles umtragen. Langsam, aber sicher zerrte es doch an unseren Kräften. Die letzten neun Kilometer zogen sich so endlos hin, dass ich fast verzweifelte. Silvio nicht. Ohne ihn hätte ich es wohl nicht geschafft. Obgleich er einen nicht motiviert, hört er nicht auf zu paddeln.

Und da kann man als Knallkopf nicht hintenanstehen.

Gegen 19.00 Uhr kamen wir endlich an. Der Platz war schon gut belegt, was mich überraschte und auch ärgerte. Als wir anlandeten, immerhin zehn Stunden nach dem Start in Kummerow, merkte man es in jedem Knochen. Selbst der Steigbügelknochen (einer der kleinsten Knochen im menschlichen Körper) in meinem Ohr tat weh.

Wir bogen auf den Sandstrand und es spielten ein paar Kinder dort. Die Kinder löcherten uns mit allerhand Fragen. Wo kommt ihr jetzt her, warum ist Silvio nicht so rot wie Du (der Junge zeigte auf mich), warum heißt das Boot Fritz und fahrt ihr noch weiter. Nichts ist toller als am Ziel anzukommen, total körperlich kaputt zu sein und dann von Kindern mit Fragen gelöchert zu werden. Ich beantwortete die Fragen mit leichtem Sarkasmus! Ich erklärte den Kindern, dass ich im Gesicht röter sei, weil die Sonne von oben schien und vom Wasser sowie von Silvios bleichem Kopf spiegelte, und ich somit die dreifachen Sonnenstrahlen abbekäme. Der Vater schmunzelte, und als sein Nachwuchs weitere Fragen stellen wollten, meinte er nur: „Lasst die beiden mal in Ruhe, die haben sich ihre Ruhe verdient!" Wie recht er doch hatte.

Wir bauten unser Zelt ganz hinten auf. Silvio kochte lecker Essen, diesmal gab es Pulled Pork mit gebackenen Bohnen und Käsestulle, während langsam der Druck und die Kilometer von uns abfielen. Es hätte sehr schön sein können. Ruhig und entspannt. Doch leider ka-

men auch zum Abend die Mücken zu Besuch. Immer wieder mussten wir unsere Ruhe verteidigen. Mit fuchtelnden Armen und Mückentötolin forderten wir unsere Ruhe. Kurz aufkommender Nieselregen verhalf uns auch, ihn zu bekommen. Die anderen Zelter verkrochen sich in ihre Zelte. Wir nicht. Wir hatten unser Tarp aufgespannt und saßen noch gemütlich und trocken in unseren Stühlen, tranken Bier und Berliner Luft. Alt wurden wir aber dennoch nicht an dem Tag. Wir schliefen recht früh ein. Kein Wunder, denn wir waren auch sehr kaputt. Dieser Tag, mit 60 Kilometern auf dem Wasser und dreimal umtragen (davon einmal einen ganzen Kilometer lang), steckte uns beiden doch ganz schön in den Knochen. Wie gesagt, selbst in den kleinsten Knochen!

Ich hasse Montage

Wie heißt es so schön: „Die Letzten werden die Ersten sein." So war es auch. Silvio und ich rekelten uns schon sehr früh. Es wurde immer kälter in den Nächten. Der Ablauf war klar, und wir kannten unser Ziel. Senzig. Das war schon eine gute Strecke. Nicht wieder 60 Kilometer, dennoch mit Seen und auch Stadtlärm. Man fährt in den Berliner Ring rein, bis kurz vor Erkner/Müggelsee und biegt dann zur Dahme ab. Wieder frühstückten wir eher beim Zusammenpacken. Machten den Fritz fertig und wurden von den anderen Wasserwanderern fröhlich verabschiedet. Die anderen hatten Urlaub. Wir aber wollten unsere Umfahrt nun schaffen und das in vier Tagen. Da fällt mir ein, wir schleppten seit der Raststätte Werder ca. drei Euro in Pfandgeld mit uns rum. Unser Eigenes, plus das, was wir dort gefunden hatten. Bis zu diesem Morgen hatte ich keine Gelegenheit, es mal weg zu bringen. Nun schnell noch die Pfandflaschen loswerden und dafür Magnesiumtabletten kaufen. Macht schon Spaß einzukaufen, ohne wirklich Geld in der

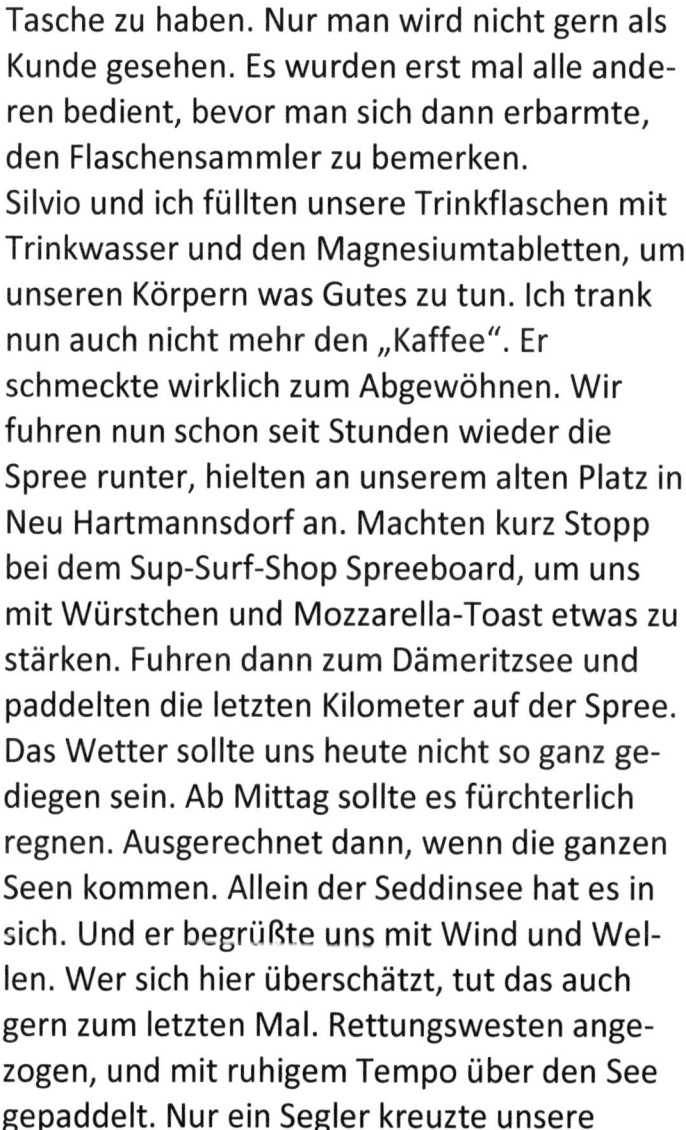

Tasche zu haben. Nur man wird nicht gern als Kunde gesehen. Es wurden erst mal alle anderen bedient, bevor man sich dann erbarmte, den Flaschensammler zu bemerken.

Silvio und ich füllten unsere Trinkflaschen mit Trinkwasser und den Magnesiumtabletten, um unseren Körpern was Gutes zu tun. Ich trank nun auch nicht mehr den „Kaffee". Er schmeckte wirklich zum Abgewöhnen. Wir fuhren nun schon seit Stunden wieder die Spree runter, hielten an unserem alten Platz in Neu Hartmannsdorf an. Machten kurz Stopp bei dem Sup-Surf-Shop Spreeboard, um uns mit Würstchen und Mozzarella-Toast etwas zu stärken. Fuhren dann zum Dämeritzsee und paddelten die letzten Kilometer auf der Spree. Das Wetter sollte uns heute nicht so ganz gediegen sein. Ab Mittag sollte es fürchterlich regnen. Ausgerechnet dann, wenn die ganzen Seen kommen. Allein der Seddinsee hat es in sich. Und er begrüßte uns mit Wind und Wellen. Wer sich hier überschätzt, tut das auch gern zum letzten Mal. Rettungswesten angezogen, und mit ruhigem Tempo über den See gepaddelt. Nur ein Segler kreuzte unsere

Fahrtrichtung ständig, und ich fragte mich, ob der uns nun ärgern will oder sich unterhalten wollte. Am Ende des Sees überrollte uns eine schöne dicke Regenwolke. Wie gut, dass wir gerade unter der Brücke waren und somit staubtrocken blieben. Besser hätte es nicht laufen können. Es sollte sich zwar nicht mehr die Sonne zeigen, aber dies war wirklich das einzige Mal, dass es regnete.

Es zog sich wieder enorm. Die Seen und auch das unbeständige frische Wetter zerrten wieder an uns.

In der Schleuse „Neue Mühle" wurden wir von drei Süßwasserkäpitänen nur lustig belächelt. Man hatte sich ein großes Bungalow-Boot gemietet. Mit Kamin, Toilette, Betten und allem Schnick-Schnack. Man prostete sich zu und freute sich über diesen echten Männerurlaub. Man machte sich lustig über uns, dass man nur in so einer Nussschale paddelte. Falscher Ort, falsche Zeit. Ich entlud meine Wut und meinen Hungerfrust an den Vollpfosten mit Bierbauch. Ich erklärte ihnen, dass das, was sie als kernigen echten Männerurlaub ansahen, nur ein schwimmendes Hotel sei, und dass man sich nicht trauen würde, im Wald zu kacken und ohne Handy und Mutterbrust sie völlig hilflos wären. In der Schleuse entwickelte sich nun ein lautstarkes Wortgefecht. Doch irgendwann zog ich meine liebsten Argumente. Umweltfreundlich und Eigentum. Zwar brabbelten sie noch was in ihre Milchbärte, aber da die Schleusentore geöffnet waren, fuhren sie weiter. Mir ging es daraufhin schon wieder besser. Silvio ist dabei immer sehr ruhig. Er hat sich ein Pilsetchen aufgemacht und hätte er noch Popcorn gefunden, hätte er sich vermutlich das Schauspiel noch stundenlang ansehen können. An der Seebrücke Senzig angekommen, stand die Uhr auch schon wieder kurz vor 17.00 Uhr. In Senzig ist der einzige Platz, an dem auch dran steht, dass man zelten darf. Wir tun es sehr gerne. Der Hafenmeister ist einer mit Leib und Seele. Noch während wir an den Platz ranfuhren, sah ich wieder eine große Gruppe, die gerade ihre Zelte aufschlugen. Wieder mit Kindern. Ich grummelte. Hatte man denn auf dieser Fahrt nie seine Ruhe? Silvio lud aus, ich ging zum Hafenmeister. Als ich am Haus ankam, saß da vor der Tür ein

Mann, der gerade seine Pfeife schmauchte.
„Paul, was machst du denn hier?", blaffte er
mich an. Dann erst sah ich genauer hin. Es war
Pati. Ehemaliger Sänger der Berliner Punkband
„Kolporteure". Ich freute mich nun über die
Begegnung und wollte ihn begrüßen, doch
vorher drückte er mir die Frage: „Biste mit Mo-
torboot oder mit Paddelboot hier." Was für
eine Frage! Ich schaute ihn etwas beleidigt an.
Aber erklärte ihm, dass echte Männer mit dem
Paddel reisen. Wir schnackten noch zwei, drei
Minuten und ich klärte dann mit dem Hafenmeister unsere Übernachtung. Diesmal gab es
einen Eiskümmelschnaps zur Begrüßung. Etwas abseits gelegen, bauten wir unser Zelt auf
und machten es uns gemütlich.

Es war ja noch so viel Zeit. Ich ging einkaufen,
anschließend duschen und Silvio machte ein
Schläfchen und dann kochten wir zusammen.
Reis mit Hühnerfrikassee. Silvio und ich redeten noch sehr lange. Über Arbeit, das Leben,
die Welt und Sorgen.

Doch bevor wir anfingen über Frauen zu reden, gingen wir lieber schlafen. Dieses Thema endet ja bekanntlich
nie. Die Nacht jedoch wurde endlich mal tief und fest geschlafen.

Das Ende naht!

Der Rekord lag zum Greifen nah. Das motivierte uns auch den letzten Tag, so richtig Gas zu geben. Nein, natürlich nicht! Wenn man irgendwie 160 Kilometer in drei Tagen gepaddelt ist, dann ist man kaum noch motiviert. Ratzfatz packten wir alles ein, und es war ein schöner Start in den Tag. Die Sonne schien, es war warm, und wir die ersten auf dem See. Kein Wunder. Es ist ja auch keiner so verrückt wie wir, und paddelt um 8.00 Uhr los! Ich merkte nur plötzlich ein Bedürfnis, dass mich unentspannt werden ließ. Wie lautet ein Sprichwort so schön: „Der Morgenschiss kommt ganz gewiss, auch wenn es spät am Abend ist!" Bei mir war es um 10.00 Uhr soweit. Leider fuhren wir nun durch sehr bewohntes Gebiet. Keine Möglichkeit mal eben anzuhalten und sich zu erleichtern.
Auch jegliche Versuche, bei Hotels auf offenen Türen zu hoffen, waren vergebens.
Ich hatte schließlich Glück und fragte einem Laubenpieper, der gerade sein Holz hackte, ob ich die Örtlichkeiten benutzen dürfe. Er er-

schrak furchtbar, aber wies mir dann den Weg. Es gibt nichts Schöneres als ein Klo in der Not! Ich musste es wohl sehr genossen haben, denn als ich wieder raus kam, schien sich die Wetterlage von sonnig und heiter auf bedeckt und windig geändert zu haben. Richtig fröstelig wurde es. Der eine See war zum Schluss doch recht wellenlastig und wir mussten uns anstrengen. Erschwerend kam hinzu, dass wir nun gegen den Strom paddelten. Aber erst nach Prieros merkten wir es richtig. Man kann sagen, ein Flusskilometer mit dem Strom ist wie 750 Meter See ohne Strömung. Gegen den Strom jedoch 1,5 Kilometer. Wenn dann noch der Wind von vorne kommt. Tja... Jackpot! 13 Kilometer sind es von Prieros nach Märkisch Buchholz. Dennoch haben wir sehr lange dafür gebraucht. Es steckte einfach keine Kraft mehr in unseren Knochen. An der Hermsdorfer Mühle merkten wir, dass unser Zeitplan völlig aus dem Ruder gelaufen war. Als uns zwei Kajak-Fahrer entgegen kamen, fragten wir sie, wie stark das Wehr in Märkisch Buchholz geöffnet sei und ob die elektrische Lore funktioniere. Man berichtete uns, dass die elektrische Lore

in Märkisch Buchholz zwar funktioniere, jedoch immer noch viel zu langsam sei. Die andere Lore, ca. 800 Meter vor Märkisch Buchholz aber sei nicht da und man gehe am besten
gleich durch, statt alles vier Mal ein- und aus-
zuladen… Na toll, wieder mal 800 Meter, die es
alles zu schleppen gilt. Ich möchte nicht ver-
schweigen, dass ich innerlich unausgeglichen
und leicht gereizt war. Ach, was heißt leicht.
Ich brodelte. Das bekamen auch die beiden
anderen Kajakfahrer am Wehr in Märkisch
Buchholz zu spüren. Nicht nur, dass sie uns die
Lore vor der Nase wegschnappten, um sie nun
leer nach oben zu ziehen. Nein, sie mussten
auch runterfahren (auf der langsamen Lore)
und somit den Weg versperren, dass man nicht
mal gefahrlos hochtragen konnte. Silvio und
ich trugen einfach alles schnell nach oben. Und
als letztes den Fritz. Wie gesagt, es war eine
schmale Gasse, und statt eine Minuten zu warten, mussten wir nun den Fritz über das Kajak
heben. Meine Wut über so viel Hirnlosigkeit
erklärte ich den Leuten aber auch gleich. Denn
erst die Lore wegnehmen, um dann alles zu
blockieren, ist so blöd, da könnte man auch

AFD wählen! Bevor ich allerdings so richtig in Fahrt kam, schubste mich Silvio fort, und wir zogen unser Hab und Gut übers Land. Es war nur noch Stress. Weder Silvio noch ich wollten heute kochen. Genüsslich wollten wir bei Wolfgang speisen. Nur bei dem Wetter macht der auch gerne mal zu, wenn keine Gäste da sind. Also mussten wir vor 17.00 Uhr ankommen.

Nach 800 Metern war der Spaß dann auch wieder vorbei. Mittlerweile waren Silvio und ich schon sehr gut geübt, was das Einladen und Beladen des Fritz angeht. Wortlos und schnell ging es vonstatten.

Wir paddelten stur und kräftig den Umflut-Kanal entlang. Strom aufwärts. Als wir ein paar Bungalows auf unserer rechten Seite hatten, fragten uns die Leute, warum wir so schnell seien und ob das nicht wahnsinnig anstrengend sei. Ich rief ihnen zu, dass nach 180 Kilometern in vier Tagen gar nichts mehr anstrengend sei und wir nur noch fertig werden wollen. Daraufhin schrie man nur noch, ob wir verrückt seien. Wenn ich zurückblicke, gab es nicht einen Menschen, der uns nicht für ver-

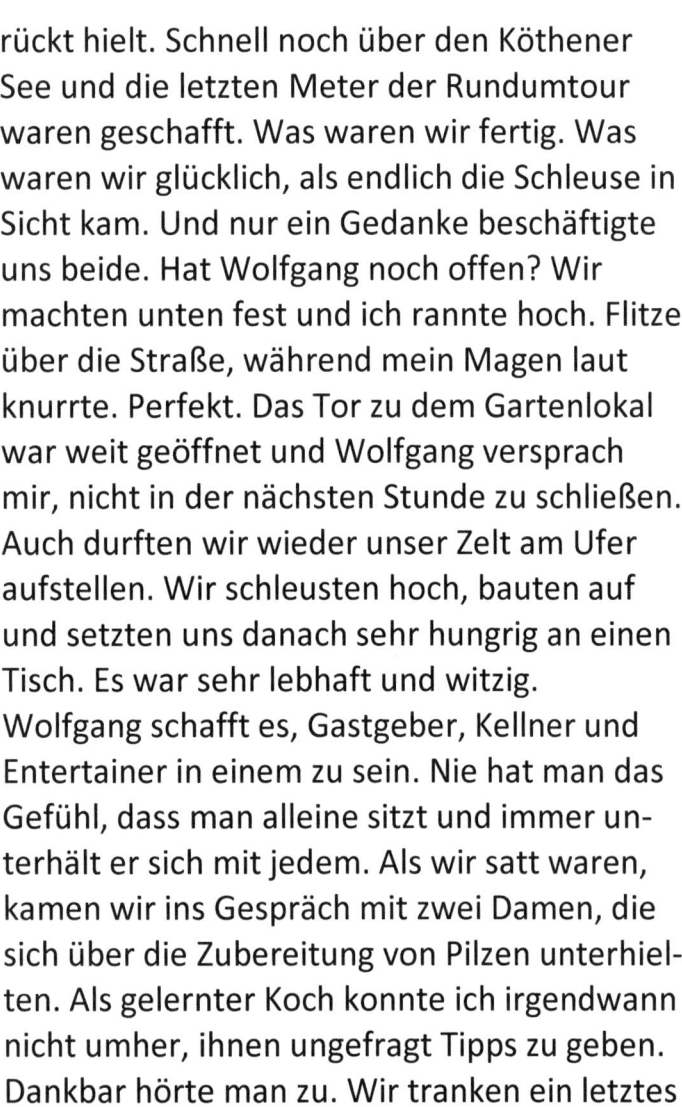

rückt hielt. Schnell noch über den Köthener
See und die letzten Meter der Rundumtour
waren geschafft. Was waren wir fertig. Was
waren wir glücklich, als endlich die Schleuse in
Sicht kam. Und nur ein Gedanke beschäftigte
uns beide. Hat Wolfgang noch offen? Wir
machten unten fest und ich rannte hoch. Flitze
über die Straße, während mein Magen laut
knurrte. Perfekt. Das Tor zu dem Gartenlokal
war weit geöffnet und Wolfgang versprach
mir, nicht in der nächsten Stunde zu schließen.
Auch durften wir wieder unser Zelt am Ufer
aufstellen. Wir schleusten hoch, bauten auf
und setzten uns danach sehr hungrig an einen
Tisch. Es war sehr lebhaft und witzig.
Wolfgang schafft es, Gastgeber, Kellner und
Entertainer in einem zu sein. Nie hat man das
Gefühl, dass man alleine sitzt und immer un-
terhält er sich mit jedem. Als wir satt waren,
kamen wir ins Gespräch mit zwei Damen, die
sich über die Zubereitung von Pilzen unterhielten. Als gelernter Koch konnte ich irgendwann
nicht umher, ihnen ungefragt Tipps zu geben.
Dankbar hörte man zu. Wir tranken ein letztes
Bierchen am Zelt und ich rief meine Mutti an,

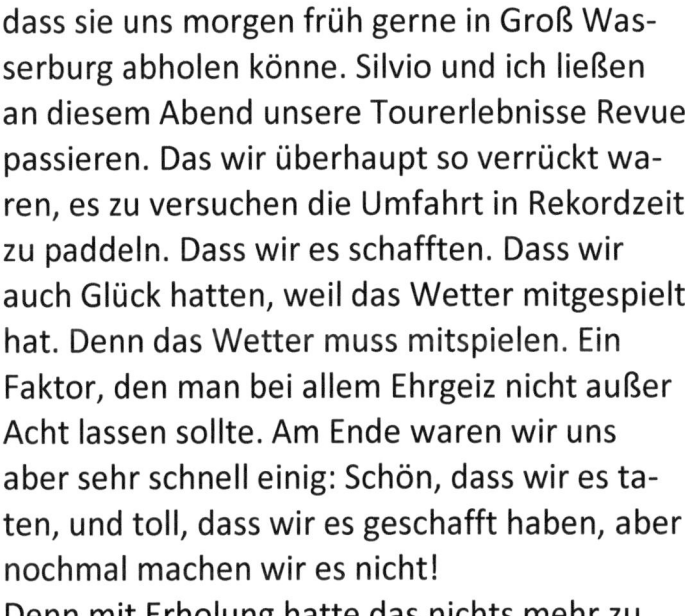

dass sie uns morgen früh gerne in Groß Wasserburg abholen könne. Silvio und ich ließen an diesem Abend unsere Tourerlebnisse Revue passieren. Das wir überhaupt so verrückt waren, es zu versuchen die Umfahrt in Rekordzeit zu paddeln. Dass wir es schafften. Dass wir auch Glück hatten, weil das Wetter mitgespielt hat. Denn das Wetter muss mitspielen. Ein Faktor, den man bei allem Ehrgeiz nicht außer Acht lassen sollte. Am Ende waren wir uns aber sehr schnell einig: Schön, dass wir es taten, und toll, dass wir es geschafft haben, aber nochmal machen wir es nicht!

Denn mit Erholung hatte das nichts mehr zu tun.

Danksagung

Danke an Dich, der das Buch liest. Danke an meine Mutter, die es mal wieder lesen musste. Danke an Martina, die es fünf Mal Korrektur gelesen hat. Ansonsten gilt immer noch: Rechtschreibfehler sind Punk! Außerdem, in 10 Jahren nach 45 weiteren Rechtschreibreformen ist bestimmt alles „Rischtich".
Danke an Felix für das Coverlayout.
Danke an Vater, der die Kanus immer "gerne" hin- und hertransportiert.

Außerdem, danke an alle, die darin vorkommen und mich somit ein Stück begleitet haben.

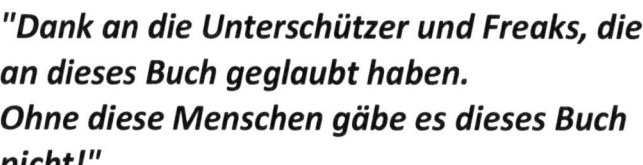

"Dank an die Unterschützer und Freaks, die an dieses Buch geglaubt haben.
Ohne diese Menschen gäbe es dieses Buch nicht!"

Tommy, Toni, Gundel, Wölfchen, Steffi, Kerstin & Maik, Michael , Susanne, Jessica, Monika, Rainer und Heidi, Stephan, Silvio, Johanna, Jan, Steffen, Sandra, Daggi, Klausi & Uschi, Lars & Sarah, Lilly, Viola, Nick, Josi, Andrina, Schulle & Kick, Yvonne, Alex, Gunnar, Thommi & Patrick

Epilog

 Der Autor ist 1983 in Berlin geboren worden und er lebt auch noch heute dort.
Hat als Kind in mehreren Serien mitgespielt. Besuchte bis zur 10. Klasse die Schule. Er ließ sich zum Koch, Outdoor Reiseleiter, DRK-Rettungsschwimmer und Event-Manager ausbilden. Hat seinen Zivildienst in einer Behinderten-Tagesstätte absolviert. Ist als Feuerspucker tätig und hat bis heute 3 Alben raus gebracht.
Heute lebt er in Prenzlauer Berg, ist Bassist & Sänger, ist freier Autor, Dozent, Reiseveranstalter und Backliner.